Hannah Morgen-*Selbstvertrauen aufbauen*

AF234987

SELBSTLIEBE LERNEN &
SELBSTBEWUSSTSEIN GEWINNEN

Selbstvertrauen
aufbauen

7 Schritte die dir zu einem nachhaltigen
Selbstvertrauen helfen

Bibliografische Information der Deutschen Nationalbibliothek:
Die Deutsche Nationalbibliothek verzeichnet diese Publikation in der Deutschen Nationalbibliografie; detaillierte bibliografische Daten sind im Internet über dnb.dnb.de abrufbar.

© 2022 *Hannah Morgen*
Herstellung und Verlag: BoD – Books on Demand, Norderstedt
ISBN: 978-3-755-72382-0

Alle Ratschläge in diesem Buch sind nach besten Wissen und Gewissen geprüft, dennoch erfolgen alle Angaben ohne Gewähr; Verlag und Autor können keinerlei Haftung für etwaige Schäden oder Nachteile übernehmen, die sich aus der praktischen Umsetzung in diesem Buch dargestellten Inhalte ergeben.

„Niemand kann dich dazu bringen, dich ohne deine Zustimmung, minderwertig zu fühlen." — Eleanor Roosevelt

Quelle: beruhmte-zitate.de

Über die Autorin Hannah Morgen

Schon früh stellte Hannah fest, dass sie ein sehr feinfühliger und emotionaler Mensch ist, die Ihre Fähigkeiten und Ihr volles Potenzial im Leben ausbauen möchte. Sie wuchs mit zwei älteren Geschwistern auf und fühlte sich meistens benachteiligt, was sich später im jungen Erwachsenenalter in Ihrem Leben widerspiegelte. Sie hatte erst Schwierigkeiten ihren Weg im Leben zu finden und merkte schnell, dass weder im Beruf noch im privaten ihr Potenzial zur Geltung kam. Hannah entschied sich ein Studium in Psychologie in den USA zu absolvieren, und ist mittlerweile sehr erfolgreich in ihrem Beruf. Privat ist sie glücklich verheiratet. Mit ihrem Buch, Selbstvertrauen aufbauen möchte sie auch anderen Menschen helfen zu mehr Kraft und Potenzial im Leben zu kommen. Mit Selbstbewusstsein und Selbstliebe alle Hürden im Leben zu meistern, erfolgreich zu sein und sich selbst zu lieben.

Hannah Morgen

INHALT

7 Schritte die dir zu einem nachhaltigen Selbstvertrauen helfen

Das erwartet Sie in diesem Buch

Dieses Buch spricht ein essenzielles Thema an, welches Tipps, Lernmöglichkeiten und Praxisübungen dem Leser zur Hand gibt. Das wichtigste, was Sie hier lernen werden, ist, wie Sie einen unerschütterlichen Glauben in Bezug auf sich selbst aufbauen und in sich und Ihre Stärken, Kompetenz und Fertigkeiten vertrauen können.

Selbstvertrauen, Selbstbewusstsein und Selbstliebe, ist ein wichtiges Thema. Auch deshalb, weil der Druck in unserer Gesellschaft nach Perfektionismus täglich steigt. Die Mehrfachaufgabenperformanz ist bedeutungsvoller denn je, doch viele Menschen, sind in der heute schnell lebenden digitalisierten Welt, nicht von Ihren Qualifikationen und Ihrem Können überzeugt. Falsche Glaubenssätze und negative Denkmuster aus der Kindheit prägen sich oft tief in das Unterbewusstsein ein und bestimmen die Realität. Oft wirkt sich ein fehlendes Selbstvertrauen negativ auf alle Lebensbereiche aus. Die daraus entstehenden Misserfolge, resultieren sich aus fortbleibendem Selbstvertrauen und Selbstbewusstsein heraus, jedoch nicht von einem nicht vorhandenen Potenzial.

Umso wichtiger ist es, dass, Sie effiziente Praxisübungen an die Hand bekommen, die Sie sofort für sich im Alltag nutzen können. Damit lernen Sie Schritt für Schritt, wie Sie mehr Selbstliebe, Selbstbewusstsein und ein besseres Selbstwertgefühl aufbauen können, um so gezielt zu einem gesteigerten Selbstvertrauen zu gelangen und es zu behalten.

EINFÜHRUNG

Die Bedeutsamkeit und Relevanz zum Thema Selbstvertrauen:

Selbstvertrauen, hat die Bedeutung, von sich selbst überzeugt zu sein und seiner eigenen Intuition, zu hundert Prozent zu vertrauen. Man unterscheidet hierzu grundlegend, was andere Menschen einem sagen, -die Wahrnehmung von Außen-, oder intuitiv auf seine innere Stimme zu hören und darauf instinktiv zu vertrauen. Es geht um die Selbstannahme.

Unser Selbstvertrauen steigt, wenn wir sehen, dass wir Herausforderungen und Probleme durch unsere Entscheidungen und Tun richtig lösen können. Das Gefühl der Selbstwirksamkeit bestärkt uns wiederum, dass wir Erfolg haben werden und dass unsere harte Arbeit, in Zukunft erfolgsorientiert und vielversprechend sein wird. Wir erwarten Erfolg. Dieses Vertrauen, lässt uns alle Hürden und Herausforderungen bewältigen, die uns wiederum auf dem Weg zum Erfolg begegnen können.

Selbstwertgefühl ist ein Gefühl, welches uns fühlen lässt, dass wir trotz unserer Schwächen und Fehler, es verdienen glücklich zu sein und wir fühlen uns wohl, wenn wir im Mittelpunkt stehen oder Komplimente von anderen Menschen erhalten. Wir empfingen es positiv und wissen, dass wir Glück und Erfolg verdient haben!

Das Umfeld spielt generell beim Thema Selbstvertrauen eine wichtige Rolle. Wenn unser Umfeld, unser Tun gutheißt und es anerkennt, steigt unser Selbstwertgefühl. Man kann jedoch nicht jedem gefallen und das sollte man auch nicht. Dabei ist zu rechnen, dass egal, was wir tun werden, wir von manchen Menschen, trotzdem Kritik und Ablehnung bekommen werden. In diesem Fall, sollte man sein Selbstwertgefühl, auf andere Weise stärken, um die Kritik nicht persönlich oder sich dauerhaft zu Herzen zu nehmen.

Der unerschütterliche Glaube an unsere Fähigkeiten und an uns selbst, wird uns dabei helfen, trotz Kritik weiterhin unseren Weg erfolgreich zu gehen und unsere Ziele zu erreichen. Oftmals kann uns sogar konstruktive Kritik dabei helfen, zu lernen und zu wachsen, um daraus seine Fehler, zu analysieren und wiederum zu mehr Erfolg zu gelangen. Es ist immer wichtig, je nach Aufgabenbereich zu analysieren, vom wem die Kritik kommt. Ist die Person selbst erfolgreich in dem, was sie tut? Möchte die Person Sie unterstützten und sie auf den richtigen Weg führen? Zwei wichtige Aspekte, die Sie bei Kritik hinterfragen sollten!

Selbstvertrauen ist in jedem Bereich unseres Lebens bedeutsam. Unglücklicherweise haben viele Menschen innere Widerstände, die Sie blockieren, ein starkes Selbstvertrauen aufzubauen. Auch deshalb, ist es oft so, dass Menschen mit einem nicht weniger gegebenen Talent oder Potenzial, jedoch mit einem geringeren Selbstvertrauen, nicht den gleichen Erfolg, in der Arbeitswelt und in zwischenmenschlichen Beziehungen erzielen, wie die Menschen mit einem stärkeren Selbstvertrauen. Es ist ein Kreislauf, den man mit konsequenter Arbeit an sich selbst, durchbrechen kann. Die Resonanz der Umwelt spiegelt die innere Welt eines einzelnen wider. Oft wird Nervosität, Schüchternheit oder kleine unbeabsichtigte Fehler, als ein nicht gegebenes Potenzial des einzelnen eingeschätzt. Jedoch ist das oft nicht der Fall. Es ist nur die momentane innere Verfassung oder Nervosität eines einzelnen, vom fehlenden Vertrauen in sich selbst. Dieser Teufelskreis, führt jedoch dazu, dass das fehlende Selbstvertrauen, durch die Reflexion von außen, bleibt oder sogar sich noch verstärkt.

Dazu ein Beispiel: Von wem wären Sie als zukünftiger Arbeitgeber, mehr überzeugt. Jemand, der nervös und schüchtern auftritt, oder jemand, der ruhig, sachlich und zuvorkommend zu Ihnen spricht. Der Schlüssel zum Erfolg ist, in jedem Lebensbereich, das Vertrauen vom Gegenüber zu gewinnen und es zu behalten.

So kann man als Mensch in allen Bereichen wachsen und zum gewünschten Erfolg kommen. Positive und zuversichtliche Menschen schaffen in dem Gegenüber unbewusst auf Anhieb ein Urvertrauen. Nehmen wir das Beispiel, bei einem Bewerbungsgespräch. Der Chef wird in Ihre Fähigkeiten mehr Vertrauen haben, wenn Sie von Anfang an, mit einem gesunden Selbstvertrauen auftreten.

Mehr Selbstvertrauen zeigen –kleine Schritte zum Erfolg!

Je zuversichtlicher, positiver und authentischer Sie sind, umso mehr vermitteln Sie, dem Gegenüber ein positives Bild über sich, und können sich im Nachhinein über ein positives Feedback sicher sein. Das wiederum, verbessert Ihr Selbstvertrauen, enorm. Sie sehen, es ist ein Teufelskreis! Es sind kleine Schritte bis zum Erfolg. Mit jedem kleinen Schritt und positiver Resonanz, wird Ihr Selbstvertrauen stetig wachsen.

Dies wiederum, hilft Ihnen enorm an sich selbst zu glauben und vorwärtszukommen. Dabei geht es nicht darum, das Selbstvertrauen nach außen vorzutäuschen, sondern authentisch Selbstvertrauen auszustrahlen. Sie sollten sich in ihrer Haut wohlfühlen. Achten Sie je nach Anlass auf ihre Kleiderwahl. Kleidung, sagt mehr über einen Menschen aus, als man im ersten Augenblick vielleicht vermuten könnte.

Der berühmte erste Eindruck: Der erste Eindruck entscheidet oft über die zukünftige Beziehung zwischen Ihnen und Ihrem Gegenüber. Wissenschaftlich bewiesen, sind es oft Bruchteile von Sekunden, in der Ihr Gegenüber seine Meinung bildet. Oft kann der erste Eindruck natürlich täuschen. Entscheidend ist er trotzdem. Deswegen wäre es doch besser, gleich den richtigen ersten Eindruck zu hinterlassen.

Der erste Eindruck, ist bei dem Gegenüber ein Entscheidungsfaktor darüber, wie er Sie als Person einschätzt. Gerade beim Treffen mit Arbeitskollegen, eine fest etablierte Gruppe, oder der erste Besuch bei den Eltern Ihres Partners oder Partnerin, ist der erste Eindruck entscheidend. Essenziell zu beachten, ist, dass man die persönliche Zone des Gegenübers, unbedingt einhalten sollte. Zum Beispiel sollte man bei einem Vorgesetzten, situationsbedingt einen Abstand zwischen 60 cm bis zu einem Meter halten. Die persönliche Zone, des Gegenübers, darf man nicht unterschätzen. Wenn man, diese verletzt, kann es dazu führen, dass man negativ beurteilt wird. Auch sollte man vermeiden, dem Chef an die Schulter zu greifen, das signalisiert Überlegenheit.

Körpersprache & die richtige Körperhaltung:

Es ist bewiesen, dass die nonverbale Konversation wichtiger ist, als die verbale. Demnach beurteilen Sie Menschen danach, wie Sie in Ihrer Körperhaltung agieren. Es ist also wichtiger, wie Sie z. B. einen Vortrag halten, als der Inhalt selbst. Selbstverständlich ist der Inhalt auch bedeutungsvoll! Doch Menschen werden Sie positiver beurteilen, wenn Sie eine offene und aufrechte Haltung einnehmen. Entspannen Sie Ihre Schultern etwas dabei. Legen Sie Ihre Hände an die Seiten, nah an Ihren Körper. Sie können gerne z. B. bei einem Vortrag, hin und her laufen, jedoch nicht zu viel. Es sollte dem Gegenüber Gelassenheit, Offenheit und Selbstsicherheit signalisieren. Stehen und sitzen Sie aufrecht. Besser ist es, die Arme nicht zu verschränken. Das signalisiert der Person unbewusst, dass Sie sich unsicher in Ihrer Haut fühlen. Vermeiden Sie es sich zu weit nach vorne oder nach hinten zu lehnen, es könnte bestimmend oder sogar aufdringlich wirken. Denken Sie positiv! Sie fragen sich jetzt bestimmt, was hat positives Denken mit Ihrer Körperhaltung zu tun?

Es hat damit zu tun, dass wir durch unsere Gedanken und Gefühle, einen Gesamteindruck von unserer Persönlichkeit übermitteln, oft geschieht es durch unsere Mimik, Gestik und Körperhaltung. Bereiten Sie sich also bei wichtigen Vorträgen, immer mit einer positiven, sachlichen und offenen Haltung vor. Ihr Gegenüber achtet bewusst auf ihre Mimik. Gerade im Beruf ist es von Vorteil, wenn sie eine selbstbewusste, innere Haltung einnehmen, und am besten gleich von Anfang an, mit dem richtigen Händedruck von sich überzeugen.

Händedruck: Beim Händedruck kann man die Hand vom Gegenüber, ruhig etwas drücken, natürlich ohne zu stark zu drücken, oder der Person wehzutun. Wenn der Händedruck kurz und fest ist, ist es die perfekte Mischung, die bewiesen hat, dass es gleich zu Beginn, einen ausgezeichneten ersten Eindruck von Entschlossenheit, Souveränität und Selbstsicherheit macht, und ihre Erfolgschancen damit erhöht.

Entscheidend, ist der erste Augenkontakt:

Man sagt, die Augen sind der Spiegel der Seele und damit, hat man nicht unrecht. Beobachten Sie Menschen in hohen Positionen, und Sie werden feststellen, dass alle eines gemeinsam haben. Sie halten den direkten Augenkontakt zu ihrem Gesprächspartner.

Sie schauen nicht weg, oder auf den Boden, wie es manchmal Menschen sich zur Gewohnheit gemacht haben, die etwas schüchtern sind, oder weniger Selbstvertrauen besitzen.

Das vermittelt Unsicherheit, Angst, und man schätzt sie eventuell völlig falsch ein. Machen Sie es sich zur Gewohnheit, Menschen vom ersten Moment, direkt in die Augen zu schauen. Vermeiden Sie, die Person anzustarren.

Sie können sich eine kurze Pause gönnen, wenn sie kurz auf die Seite, oder kurzzeitig auf das Kinn des Gegenübers schauen.

Das ist ein Trick, um sich etwas Zeit zu verschaffen. Seien Sie nicht hektisch in Ihren Bewegungen, oder lassen Sie ihren Blick nicht ins Leere gehen, das signalisiert Desinteresse Ihrerseits. Die Person könnte sich eventuell von Ihnen dadurch unbewusst gerade beim ersten Gespräch distanzieren.

Hören Sie der Person zu! Das ist notwendig, um Vertrauen zu schaffen und vermittelt ein selbstbewusstes Auftreten! Man wird Sie, gerade nach dem ersten Kennenlernen, positiv in Erinnerung behalten.

Tägliche Herausforderungen für Ihr Selbstvertrauen meistern:

Des Öfteren ist es so, dass man selbst ein großes Talent, sowie auch Potenzial in sich trägt, um große Ideen umzusetzen. Jedoch fällt es in der Regel oft an Elan oder Tatkraft. Vielleicht traut man sich nicht, es der Öffentlichkeit zu präsentieren, da man sowieso denkt, dass es nicht Erfolg versprechend sein wird. Bevor es in die Praxis geht, versucht man es erst gar nicht, und ist davon überzeugt, dass man nicht das Positive und den Erfolg verdient hat. Wie das Wort es selbsterklärend beschreibt. Man verdient sich den Erfolg, deshalb sollte man alle Zweifel beiseite schaffen und mit kleinen Schritten beginnen und an seiner Idee arbeiten und diese auch verwirklichen.

Es ist auch in dem Bereich der Ideenverwirklichung angebracht, sich von Missgunst oder der Zweifel anderer zu distanzieren. Man sollte eine gewisse Distanz für sich schaffen, um sich vor negativen Einflüssen zu schützen. Dies kann ihnen enorm, dabei helfen, eine Sicherheit aufzubauen. Man muss dabei differenzieren, wem man seine Idee präsentiert. Achten Sie darauf, dass Sie sich mit Personen umgeben, die Ihr Können und Talent unterstützten und die gleichen Interessen vertreten wie Sie. Das wird Sie innerlich stärken und ihnen mehr Selbstvertrauen geben. Umgeben Sie sich mit erfolgreichen Personen und Sie werden selbst erfolgreich.

Was tun, wenn man so ein Umfeld nicht hat?

Falls Ihnen momentan, die passenden Menschen fehlen, suchen Sie sich Vorbilder, die das schon erreicht haben, was Sie möchten. Lassen Sie sich von Ihnen motivieren und inspirieren, es wird ihnen helfen weiterzumachen!

Vermeiden Sie es definitiv ihre Ideen, den falschen Personen zu präsentieren, sie werden ihre Idee anzweifeln, und das wird Sie wiederum verunsichern und zurückwerfen. Achten Sie darauf, welche Nachrichten und Filme Sie sich tagtäglich anschauen. Oft bemerken wir nicht, dass unser Umfeld, Fernsehprogramm und Nachrichten, sich negativ auf unser Bewusstsein und Unterbewusstsein auswirken. Das wiederum erzeugt in uns Angst und ist der Baustein für ein geringeres Selbstvertrauen. Füttern Sie ihre Gedanken, mit Informationsreichen Büchern und Vorträgen, das wird Sie in die richtige Richtung lenken und ihr Selbstvertrauen stärken.

Wie baut man ein gesundes Selbstvertrauen und Selbstwertgefühl auf?

Um ein starkes Selbstvertrauen und Selbstwertgefühl zu bekommen und es zu behalten, sollte man an sich arbeiten. Dazu gehört der Lebensstil, sowie die eigene Fitness, Ernährung und genügend Schlaf. Eine ausgewogene Ernährung und Sport lässt uns attraktiver aussehen, dass sich dauerhaft auf unser Selbstvertrauen positiv auswirken wird. Arbeiten Sie an ihren täglichen Gewohnheiten! Verlassen Sie ihre Komfortzone und machen Sie es sich zur Gewohnheit, sich Ziele zu setzen.

Wichtig dabei, ist es zu wissen, wie das Endergebnis aussehen soll. Sie werden automatisch Stück für Stück zu ihrem Ziel kommen. Der erste Schritt ist der schwierigste. Sobald man kleine Erfolge bemerkt, wird es zunehmend einfacher. Führen Sie eine Analyse durch, um Ihre Schwächen und Stärken aufzuzählen. Schauen Sie, dass die Stärken überwiegen, und arbeiten Sie an ihren Schwächen. Bedenken Sie, dass kein Mensch perfekt ist und auch andere selbst, sehr selbstbewusste Menschen, manchmal an sich zweifeln! Hören Sie sich täglich positive Affirmationen an.

Machen Sie es sich zur Gewohnheit eine Affirmation, die zu Ihrem Thema passt, z. B. 21 Tage lang anzuhören. Das Unterbewusstsein speichert ab, wenn Wiederholungen auftreten. Am besten ist es diese Affirmationen, am Morgen nach dem Aufwachen oder, vor dem Einschlafen anzuhören. Auch wenn Sie dabei einschlafen, wird Ihr Unterbewusstsein diese Informationen abspeichern. Füttern Sie Ihr mächtiges Unterbewusstsein nur mit positiven Affirmationen. Der Mensch hat mehr Potenzial in sich, als er selbst nutzt.

Schule, Eltern und Freunde prägen uns. Wenn man das Glück hat, in einem gesunden Umfeld aufzuwachsen, ist es

sehr fördernd und Erfolg versprechend für die eigene Zukunft. Doch leider, ist das in der Realität nicht immer der
Fall.

Umso wichtiger ist es, seine Ziele zu verfolgen und sich
selbst die Dinge zu sagen, die man in seiner Realität und in
der Zukunft haben möchte. Fangen Sie noch heute an! Sie
werden überrascht sein, welches unglaubliche Potenzial in
ihnen vorhanden ist. Sagen Sie sich, z. B. vor einer großen
Präsentation, Auftritt oder auch einem Date, wenn sie nervös sind:»Ich werde das schaffen, ich bin gut genug!«

Sie können natürlich auch ihre eigenen Affirmationen erstellen. Es ist alles möglich. Setzen Sie sich dran, verlassen Sie
ihre Komfortzone und arbeiten Sie sich mit kleinen Schritten
zu ihrem Erfolg.

Manchmal hilft es sogar, durch Ablehnung eine Stärke
und unerschütterliche Motivation zu erhalten und zu sich
selbst zu sagen:»Dir werde ich es zeigen, dass ich es kann.«
Man sollte natürlich, nicht besessen davon sein, jedoch hilft
es einem dadurch, eine starke Motivation aufzubauen, und
sein Ziel durchzuziehen.

Oft wird man unterschätzt. Bedenken Sie, jeder hat seine
eigene Meinung, doch es muss nicht Ihre werden. Bewahren
Sie Ihre emotionale Distanz bei äußeren Angriffen, und setzen Sie eine Grenze. Auch negative Selbstgespräche, die oft
dadurch verstärkt werden, sind nicht besonders hilfreich.
Jeder hat versteckte, Talente und ein großes Potenzial mehr
im Leben zu erreichen. Entdecken Sie ihres.

Selbstvertrauen stärken, durch effiziente und effektive Zielsetzung:

Am Anfang, erscheint es wie der Himalaja, den man erklimmen muss. Das Ziel scheint unerreichbar zu sein! Doch wenn man anfängt, merkt man, dass man langsam zu seinem Ziel kommt. Setzen Sie sich konkrete Ziele. Wenn sie diese aus eigener Kraft erreichen, steigert es ihr Selbstbewusstsein. Der Mensch glaubt, was er sieht. Schreiben Sie sich ihre konkreten Ziele auf, die sie erreichen möchten. Malen Sie sich aus, wie es ist, dieses Ziel schon erreicht zu haben. Fühlen Sie es! Was ist ihre Vision? Mit einer Vision, lässt es sich einfacher arbeiten, da sie wiederum eine Motivation bekommen. Denken Sie sich in die Situation hinein. Wie fühlt es sich an, die Traumbeziehung zu haben, die sie sich immer vorgestellt haben, oder vom Chef befördert und geschätzt zu werden? Respekt von den Kollegen zu erhalten? Was auch immer ihr Ziel ist, fragen sie sich, wie Sie sich in Zukunft fühlen möchten.

Ist es nicht ein schönes Gefühl, die Verantwortung für sein Leben zu übernehmen und erfolgsorientiert der Zukunft zu begegnen?

Selbstbewusstsein & Selbstsicherheit & Selbstvertrauen -Warum es so wichtig ist!

Selbstvertrauen, ist das Urvertrauen, welches man als Kind vorgezeigt bekommt, in seine Person und Fähigkeiten zu vertrauen. Es wird aus dem Fundament gebaut, mit den ersten Personen, mit denen man den sozialen Kontakt hat. In einem harmonischen Einklang bildet man daraus das natürliche Vertrauen, was man in sich hat. Selbstbewusstsein ist ein anderes bedeutungsvolles Thema. Wer bin ich wirklich? Bin ich mir meiner selbst bewusst, oder lass ich mich durch die äußeren Umstände leiten? Das noch größere und von uns mächtigere Bewusstsein ist das schon in dem Buch angesprochene Unterbewusstsein. Es beeinflusst unsere unterbewussten Handlungen und wird geprägt, durch Glaubenssätze und Muster. Im Erwachsenen alter ist es essenziell, unser Unterbewusstsein, durch positiven Affirmationen umzuprogrammieren, wenn wir »falsch« programmiert worden sind. Das Gefühl der Selbstsicherheit entsteht aus den vergangenen Erfolgserlebnissen und positiven Ereignissen. Wenn man was erreicht hat, was man sich vorgenommen hat, oder die Anerkennung bekommt, entwickelt man automatisch die Selbstsicherheit, die sich in einem fest verankert. Schwierig wird es wiederum, wenn man keine Anerkennung von seinem sozialen Umfeld bekommt. Wie baut man in diesem Fall das Selbstbewusstsein und die Selbstsicherheit auf?

Ehrlich zu sich selbst sein
Lernen Sie sich besser kennen!

Machen Sie eine Liste, mit Ihren Eigenschaften. Wie sehen Sie sich selbst? Und wie sehen Sie Ihre Freunde oder Familienangehörige? Lassen Sie sich von Freunden ein ehrliches Feedback geben, was Sie an Ihnen schätzen und wie Sie sie wahrnehmen!

Betrachten Sie sich aus der Vogelperspektive heraus, das hilft Ihnen ihre Persönlichkeit von außen wahrzunehmen und zu analysieren. Es geht darum, ihre Stärken zu erkennen und diese zu fördern. Das können Sie nur mit Erfolg tun, wenn Sie sich dessen bewusst sind, was Sie können. Dadurch wissen Sie, was sie im Leben wollen. Woher sollen Sie wissen, wo der Zug des Lebens Sie hinführen soll, wenn Sie nicht wissen, wer Sie genau sind oder was Sie wollen? Wer sind Sie wirklich? Was wollen Sie wirklich im Leben? Sie sind der Kapitän, auf Ihrem Schiff des Lebens. Sie steuern Ihre Gedanken und Gefühle über sich selbst.

Manchmal so schwer es auch ist, hilft es sich Raum zu schaffen und allein zu heilen und zu überdenken, ob man sich auf den richtigen Weg befindet. Dabei spielt es eine enorme Rolle, zu unterscheiden, welche Rolle man im Alltag täglich in verschiedenen Bereichen einnimmt, oder welche Person man wirklich ist. Jeder Anfang ist schwer, doch besser man schlägt den richtigen Weg für sich selbst ein, als unglücklich mit der Masse zu schwimmen. Finden Sie heraus, was sie wirklich wollen. Das ist der erste und sehr entscheidende Punkt. Wenn Sie sich ihrer Fähigkeiten und Kompetenzen bewusst werden, wird damit auch Ihre Selbstsicherheit steigen. Sie sehen, es ist ein kleiner Schritt nach dem anderen. Überfordern Sie sich nicht von Anfang an, und denken Sie in kleinen Schritten zum Ziel.

Selbstbewusstsein

Was zeichnet hauptsächlich eine selbstbewusste Persönlichkeit aus?

Ist es überhaupt möglich, dass man in jeder Situation selbstbewusst und souverän ist, ohne sich von der Außenwelt verunsichern zu lassen? Selbstbewusstsein speichert sich in ihrem Bewusstsein, durch wachsenden Erfolg, ihres Tuns ab. Das heißt, Sie müssen ins Tun kommen. Hier und jetzt! Jede Theorie wird Ihnen auf Dauer nichts bringen, wenn Sie nicht die Dinge tun, die Sie gelernt haben. Fangen Sie noch heute an, Dinge zu tun, die täglich ihr Selbstbewusstsein steigern. Es ist bewusstseinserweiternd, wenn man tagtäglich immer mehr über sich selbst lernt und an seinen Aufgaben wächst.

Orientieren Sie sich an Ihren Vorbildern

Ihr Vorbild, hat ein starkes und selbstsicheres Auftreten. Die selbstbewusste Person scheut sich nicht davor auch mal Ihre Meinung zu sagen, auch wenn es unangenehm werden könnte. Doch lieber spricht Sie, die Problematik zu Beginn an, als es mit sich herumzutragen und schafft so von Anfang an Klarheit, in Ihrer Position. Sie ist sich darüber bewusst, dass Sie nicht jedem gefallen kann, und das möchte Sie auch nicht. Sie kann auch Nein sagen und vertritt Ihre Interessen! Da sie sich ihrer Stärken bewusst ist, steht sie für diese ein und hat keine Angst zu scheitern. Sie ist von sich selbst überzeugt! Sehr selbstbewusste Menschen scheuen es nicht vor großem Publikum zu sprechen. Doch jeder fängt klein an. Auch die selbstbewusstesten Menschen mussten erst mal ihr Lampenfieber überwinden, bevor sie vor großem Publikum sprechen konnten. Ihr Vorbild, mit einem enorm hohen Selbstbewusstsein hat erfahren, dass die Persönlichkeit wächst, indem Sie sich Ihren Ängsten tagtäglich, stellt.

Die richtige Balance von Selbstbewusstsein & Selbstvertrauen

Im Leben ist es von Vorteil, die richtige Balance zu erreichen. Wenn man durch die Wände geht, sollte man aufpassen, dass man sich dadurch nicht verletzt.

Was ich damit sagen möchte, ist es wichtig das richtige Maß an Selbstbewusstsein und Selbstvertrauen für sich zu schaffen. Es wird einem nicht weiterhelfen, wenn man mit einer überheblichen Haltung am ersten Tag zu seinem neuen Job erscheint und mit dem Chef konkurrieren möchte. Auch da ist die richtige Balance entscheidend. Es hilft einem, seinen Standpunkt konkret zu vertreten und z. B. nach langer und guter Arbeit, eine Gehaltserhöhung anzufordern, oder von Anfang an, die passende Gehaltsvorstellung für sich einzufordern.

Eine Gehaltsvorstellung, die ihren Fähigkeiten entspricht! Jedoch sollte man natürlich nicht mit der Tür ins Haus fallen. Man könnte schnell überheblich rüberkommen. Es ist auch nicht hilfreich, sich zu verstellen. Handeln Sie nach dem gesunden Gefühl zwischen Stärke, Selbstvertrauen und manchmal auch Bescheidenheit, die eine gute Eigenschaft ist und manchmal anders eingeschätzt wird. Die gesunde Balance schafft Selbstvertrauen und Sympathie zu Ihnen. Machen Sie nicht den Fehler, sich selbst zu überschätzten.

Durch Erfahrung wachsen Ihre Fähigkeiten. Nehmen Sie auch Tipps von ihren Kollegen an, um so Mitgefühl und

Verständnis zu zeigen. Seien Sie selbst die Person, mit der Sie gerne zusammenarbeiten möchten.

Vermindertes Selbstwertgefühl

Ein vermindertes Selbstwertgefühl ist in vielen Bereichen des Menschen ein Hindernis, um erfolgreich zu werden. Man besitzt kein Vertrauen in sich und ist in einer Negativspirale aus Angst und Sorgen gefangen. Sie denken nicht, dass Sie es können und dass andere besser sind als Sie. Oftmals vergleichen Sie sich auch mit anderen. In der Regel hat die Person, mit wenig Selbstwertgefühl Zweifel über ihre eigenen Fähigkeiten.

Das kann im Alltag und im Leben allgemein sehr belastend sein. Manche isolieren sich und entwickeln dadurch mehr Ängste. Die Vergangenheit hat auch bestätigt, dass man nicht den Herausforderungen des Lebens gewachsen ist und dass man Misserfolg anzieht. Die ersten Jahre in unserem Leben prägen uns mehr, als wir denken. Schon als Kleinkinder nehmen wir alles um uns herum wahr. Die Beziehung zwischen Vater und Mutter spielt dabei eine große Rolle, da es die ersten Kontaktpersonen in dieser Welt sind.

Deswegen ist es wichtig von Anfang an seinem Kind ein starkes Selbstwertgefühl zu vermitteln. Wenn das ausbleibt, ist es im Erwachsenenalter umso schwieriger, die Defizite zu korrigieren, doch unmöglich ist es nicht. Und wieder spielt bei diesem Thema die Resonanz eine immense Rolle. Meistens wenn wir uns als nicht »genug« fühlen, wird und das die Resonanz auch so spiegeln. Leider sind Menschen, die ein vermindertes Selbstwertgefühl haben, es gewohnt schlecht von ihrem Umfeld behandelt zu werden. Sie kennen nichts anderes, weil Sie in der Vergangenheit nichts anderes erfahren haben. Selbstzweifel beeinträchtigen die Lebensqualität maßgebend. In allen Lebensbereichen hat man das Gefühl, dass man nicht mit seinem ganzen Potenzial von der Außenwelt wahrgenommen wird. Dadurch wiederum entsteht auch ein falsches Selbstbild, welches man nach außen präsentiert.

Man fühlt sich immer minderwertig im Vergleich zu anderen. Chancen, die einem gegeben werden, verpasst man unglücklich oder trifft immer die falschen Entscheidungen. Generell fehlt die Entscheidungskraft, da man sich machtlos fühlt und den Grund dafür im Außen sucht.

Man fühlt sich missverstanden. Auch der Selbstwert ist beeinträchtigt. Woher kommt der Wert einer Person? Was zeichnet den Wert einer Person aus?

Die Erfahrung hat uns nicht gelehrt, unseren Selbstwert zu erkennen. Wie soll er sich auch entwickeln? Die Außenwelt reflektiert uns täglich den Beweis für unsere Inkompetenz wieder, solange unser Selbstwertgefühl so bleibt.

DAS NUTZEN EINES SELBSTSICHEREN AUFTRETEN & STARKEN SELBSTWERTGEFÜHLS

o Sie entwickeln ein Selbstwertgefühl,
o indem, was Sie tun und wer Sie wirklich sind.
o Sie erkennen Ihren wirklichen Wert!
o Sie akzeptieren sich mit all Ihren Fehlern.
o Wir sind alles nur Menschen, niemand ist perfekt.
o Sie benötigen keine ständige Bestätigung von Außen, dass Sie gut sind. Sie wissen es einfach selbst.
o Sie sagen Nein, wenn Sie was nicht wollen und haben nicht ständig ein schlechtes Gewissen deswegen.
o Sie sind sich selbst genug! Gut genug, um neue Sachen in ihrem Leben zu erreichen.
o Der Umgang mit anderen Menschen ist für Sie selbstverständlich und Sie haben ein gesundes Umfeld.
o Sie sind in sich selbst verliebt, das wiederum ist wieder die Voraussetzung dafür andere zu lieben und gesunde Beziehungen zu ihren Mitmenschen zu pflegen!
o Sie erreichen alle Ziele, die sie sich vorgenommen haben. Sie wissen, auf Sie ist Verlass!

o   Menschen respektieren, beachten und achten Sie
     als Person. Das Umfeld anerkennt ihren Wert.
o   Wie Sie sehen, die Vorteile sind unendlich. Des-
     halb werden Sie noch heute die Person, mit dem
     höchsten Selbstwertgefühl. Sie sind es sich schul-
     dig, es gibt keine Zeit mehr zu verlieren.
o   Es wird auf Dauer, ihr Leben verändern …

Selbstwertgefühl und Selbstvertrauen

Sie haben wie jeder andere Mensch Fehler und sie sind
sich darüber bewusst. Das hält Sie nicht davon ab, sich be-
dingungslos selbst zu lieben, mit all Ihren Stärken und
Schwächen. Das Selbstwertgefühl ist bedeutungsvoll in Bereich der zwischenmenschlichen Beziehungen.

Menschen können Sie nur lieben, wenn Sie sich selbst lieben und wertschätzten. Der erste Schritt sollte von Ihnen
kommen. Es ist, wie ein Boome rang. Ihr Gegenüber kann
Ihnen nur das wiedergeben, was Sie in sich selbst tragen.

Selbstvertrauen ist das Vertrauen in Ihre Fertigkeiten darüber, dass Sie es schaffen können, alles zu erreichen, was Sie
sich im Leben vorgenommen haben. Sie vertrauen in Ihre
Fähigkeiten, wenn Sie ein großes Vorhaben starten, und haben nicht den geringsten Zweifel, dass Sie dieses Ziel erreichen werden. Selbstvertrauen resultiert sich durch das
Selbstbewusstsein, und Selbstwertgefühl und die Annahme
zu sich selbst heraus.

Man akzeptiert sich, sowie man ist und arbeitet an seinen
Schwächen, um noch mehr Selbstvertrauen aufzubauen.

Ein Beispiel hierzu:

Wenn man einen Vortrag vor einer großen Gruppe vortragen muss und mit Selbstvertrauen an die Sache geht, wird man mit großer Wahrscheinlichkeit, mit guter Vorbereitung, den Vortrag mit Erfolg bestehen. Die Selbstannahme, die man automatisch über sich selbst hat, bestätigt einen in seiner Leichtigkeit alle Dinge zu meistern, seien sie noch so herausfordernd und schwierig auf den ersten Blick. Es gibt Zeiten, da fällt es uns schwer, Selbstvertrauen aufzubauen und wir fühlen uns, aus bestimmten Gründen minderwertig. Vielleicht hatten sie ein nicht Erfolg versprechendes Verkaufsgespräch mit einem wichtigen Kunden, oder Streit mit ihren Kollegen oder ihrem Partner. Machen Sie nicht den Fehler, es als eine Katastrophe zu betrachten, sondern prüfen sie, warum es momentan, nicht besonders gut läuft für sie. Sagen Sie nicht, zu sich selbst, dass sie versagt haben, sondern nehmen sie die Vorgehensweise genau unter die Lupe und betrachten Sie die Situation vom gegenüberliegenden Standpunkt, das wird ihnen helfen es beim nächsten Mal anders zu machen. Zeigen Sie Größe! Falls ihr Chef nach dem Kunden fragt, mit dem das Verkaufsgespräch nicht besonders gelaufen ist, sagen sie nicht, der Kunde war nicht zu überzeugen, ich habe mein Bestes gegeben. Das signalisiert ihrem Gegenüber, dass sie vermutlich gescheitert sind. Sagen Sie am besten, der Kunde war interessant für uns, jedoch hat sich herausgestellt, dass er in Zukunft andere Interessen verfolgt, die nach langen Recherchen nicht die Interessen unserer Firma vertreten oder unterstützen, und Sie wachsen lassen. So kommen Sie kompetent und motiviert rüber.

Wie man Selbstvertrauen aufbaut
nach einer Trennung

Jede Trennung im Leben von einem geliebten Menschen ist schmerzhaft, und man hat das Gefühl ein Teil seines Lebens verloren zu haben. Egal, wie oft sie danach Hollywood Liebesfilme anschauen, oder ihr Lieblingslied rauf und runter spielen, der Schmerz will nicht heilen. Geben Sie sich Zeit und Ruhe nach einer Trennung. Geben Sie sich nicht die Schuld, für das Scheitern der Beziehung. Auch wenn Zeit nicht immer gleich alle Wunden heilt, wird der Schmerz nach und nach vergehen. Es ist wichtig, dass sie jetzt durchhalten.

Abstand für Wiederherstellung und Sensibilität
Bitte machen Sie nicht den Fehler, gleich in die nächste Beziehung zu gehen. Vermutlich werden Sie auch in der nächsten Beziehung mit den gleichen Problemen konfrontiert, oder Sie nehmen die andere Person nur als Lückenfüller und das geht leider in den meisten Fällen nicht auf Dauer gut. Auch, wenn es schwerfällt. Bleiben Sie vorerst für sich. Fangen Sie eine neue Sportart an. Sport löst Endorphine aus, die ihr Glücksgefühl steigern wird.

Lassen Sie es zu, um die Beziehung zu trauern.
Es bringt nichts, die Trauer zu überspielen oder sie zu verdrängen. Man sollte sich die Zeit geben, und seine Vorstellungen von der zukünftigen Beziehung analysieren. Lassen Sie ihre Verletzlichkeit zu und erlauben Sie ihren Tränen freien Lauf zu lassen. Unverarbeitete Gefühle können eine Blockade aufbauen, die zur nächsten Beziehung beitragen könnte. Seien Sie sich gegenüber verständnisvoll und bereit, neue Dinge über sich zu erfahren. Gefühle können wehtun,

doch man sollte nicht bereuen, sich geöffnet zu haben, und nicht den Fehler machen, sich für die Zukunft zu verschließen.

Holen Sie sich Unterstützung!

Ein gutes Gespräch, mit einer Vertrauensperson ihrer Wahl, heilt manchmal all ihre Wunden. Diese können ihre Gedanken in eine komplett neue Bahn lenken und Sie werden aufhören darüber zu grübeln, was schiefgegangen ist. Nach der Zeit mit ihnen allein, ist es wichtig, dass Sie jetzt einen engen Kreis um sich herum haben, der sie mental unterstützt. Bleiben Sie jetzt nicht allein! Die Zeit der Trauer sollte auch ein Ende haben! Das Leben geht weiter. Lachen Sie viel und genießen Sie die Zeit mit ihren Liebsten. Das wird ihnen neue Kraft geben.

Verändern Sie Ihren Look

Auch wenn Sie am liebsten die Decke über den Kopf ziehen wollen und eine Tüte Chips genießen wollen, zwingen Sie sich dazu ihr bestes Outfit aus dem Kleiderschrank zu nehmen und sich zu präsentieren. Stylen Sie Ihre Haare, vielleicht ist ein Friseurbesuch auch mal wieder fällig. Ein neues Kapitel schlägt in ihrem Leben ein, freuen sie sich darüber. Kaufen Sie sich das Kleid, was sie sich schon immer kaufen wollten. Sie werden merken, sobald Sie Komplimente wegen Ihres neuen Stils bekommen, wird es ihren Herzschmerz übertönen. Auch hier führen kleine Schritte zum Erfolg, Sie werden sehen.

Verfolgen Sie neue Ziele

Wer kennt das nicht? Man hat diesen einen Partner, alles scheint gut zu laufen und dennoch passiert es oft, dass aufgrund der Beziehung man wichtige Projekte und Ziele aufschiebt, die man in Erwägung gezogen hätte. Vielleicht hatten Sie vor ein eigenes Unternehmen zu gründen, oder hatten eine Start-up-Idee, jedoch nicht die Zeit es durchzuziehen. Weil sie ihren Fokus auf ihre Beziehung gelegt hatten. Vielleicht wollten Sie auch mal nach Indien reisen, um vier Wochen zu meditieren, doch ihr ehemaliger Partner, war dagegen. Das Positive an einer Trennung ist, Sie können jetzt alles tun, was Sie immer aufgeschoben haben und tun wollten. Sie müssen keinem Menschen mehr Rechenschaft ablegen. Widmen Sie jetzt den Fokus auf Ihre Vorhaben. Jetzt ist die Zeit dafür.

Innere Gedankenwelt
Seien Sie achtsam, dass sie nicht in einen negativen Kreislauf geraten und verzeihen Sie sich selbst. Bestimmt geht es Ihrem Gegenüber nicht anders dabei. Jeder hinterfragt sich nach einer Trennung. Nehmen Sie einen Zettel und schreiben Sie auf, was Sie an sich selbst für liebenswert halten. Diese Liste wird Ihnen helfen vor Augen zu halten, dass Sie genug an positiven Eigenschaften enthalten, und dass Sie die Trennung nicht zu sehr persönlich an sich heranlassen sollten. Vervollständigen Sie die Liste, Tag für Tag und hängen Sie diese sichtbar für Sie an Ihren Lieblingsplatz und lesen Sie es sich jeden Tag durch. Das sind die besten Affirmationen, die Sie sich selbst kreieren, um aus der inneren negativen Gedankenspirale nach einer Trennung herauszukommen. Viele Menschen werden einem begegnen im Leben, doch manche werden wieder aus unserem Leben verschwinden und sind oft nur aus einem bestimmten Grund in unser Leben getreten, um gewisse Dinge über uns selbst zu lernen und an diesen zu wachsen. Die Entscheidung, darüber, ob ein Mensch in Ihrem Leben bleibt, haben Sie nicht in der Hand! Es ist nicht Ihre Schuld! Manchmal soll es einfach

nicht sein, und wenn Zeit vergangen ist, ergibt es einen Sinn, warum die Beziehung in der Vergangenheit, nicht funktioniert hat.

Zusammenfassung

Leider kann manchmal ein falsches Bild von der Liebe oder Erwartung zu nicht passenden Partnern führen, jedoch ist es niemals zu spät sein Bild von der Liebe, die aus den Hollywood-Filmen geschnürt worden sind, zu beheben. Den Anfang, den Sie machen sollten, ist immer bei Ihnen selbst. Bedenken Sie, dass sie sich genug sein müssen. Beginnen Sie, sich selbst zu lieben. Sich selbst zu lieben bedeutet, sich darüber bewusst zu werden, wer man wirklich ist und seine Fähigkeiten, Persönlichkeit und Eigenschaften, Aussehen so zu lieben wie man ist. Durch die Selbstliebe strahlt man Selbstvertrauen aus und das reflektiert wiederum von der Außenwelt, zurück zu Ihnen. Realisieren Sie, wie weit Sie schon in ihrem Leben gekommen sind und was für ein fantastischer Mensch Sie sind. Fangen Sie an, sich selbst zu lieben.

Die Selbstliebe lernen – so funktioniert's

Gerade heutzutage, ist es so unheimlich wichtig, die Selbstliebe und Selbstakzeptanz zu besitzen. Nur wer sich selbst liebt, kann gesunde und auf Dauer glückliche Beziehungen zu seinen Mitmenschen aufbauen. In sich selbst verliebt zu sein, ist das Beste, was Sie für sich tun können. Es hilft Ihnen Selbstvertrauen, und ein stärkeres Selbstwertgefühl aufzubauen. Sie sind die wichtigste Person in Ihrem Leben! Stellen Sie sich an erster Stelle. Der Rest kommt von allein. Sobald ihre Selbstliebe steigt, werden Sie sehen, dass Sie wiederum andere Partner für sich anziehen werden, die ihnen ihre Selbstliebe und Selbstakzeptanz wiederum spiegeln. Sie werden merken, dass Sie nicht mehr so viel darüber grübeln, was andere von ihnen denken könnten und Sie werden sich auch nicht mehr mit anderen vergleichen. Da sie der wichtigste Mensch in ihrem Leben sein werden. Ich verspreche Ihnen, wenn Sie anfangen sich selbst zu lieben, wird es die beste Entscheidung ihres Lebens sein.

Nachhaltige Tipps zur Selbstliebe

Dieser Artikel wird Ihnen zeigen und Tipps zur Hand geben, wie Sie mehr Selbstliebe in Ihrem Leben entwickeln können. Nachdem Sie sich überwunden haben, die ersten Sachen in der Praxis auszuprobieren, werden Sie schnell feststellen können, dass sich ein fantastisches Gefühl der Selbstliebe bei Ihnen einstellen wird. Probieren Sie es heute noch aus. Zögern Sie nicht, und verlieren Sie Ihre Angst, etwas falsch machen zu können.

1. Verreisen Sie, allein

Buchen Sie Ihr Ticket und setzen Sie sich ins Flugzeug! Seien Sie gewiss, dass Sie, sobald Sie einmal allein verreist sind, werden Sie in Zukunft nichts anderes mehr wollen. Oft ist es so, dass man unterwegs anders wahrgenommen wird und viele verschiedene interessante Leute trifft und somit sich neue Ereignisse und Bekanntschaften in Ihrem Leben ergeben können. Verlassen Sie nochmals Ihre Komfortzone! Haben Sie keine Angst, das Resultat wird positiv sein! Es wird Sie auch in Ihrer Selbstliebe zu sich selbst bestärken! Ein tolles Gefühl der Selbstständigkeit.

2. Haben Sie Spaß allein

Geben, Sie sich ein Getränk aus, in ihrer Lieblingsbar. Besuchen Sie ein Museum, oder gehen Sie ins Kino und schauen Sie sich ihren Lieblingsfilm an. Sie werden sehen, Sie setzten damit neue Maßstäbe für sich, und ich versichere Ihnen, das wird Ihre Selbstliebe steigern. Sie werden die Angst verlieren und sich dadurch besser fühlen. Man kann auch allein Spaß haben. Sobald die Leute merken, dass Sie unabhängig sind, werden Sie automatisch Ihre Nähe suchen, probieren Sie's aus.

3. Erstellen einer Dreamboard

Eine Dreamboard ist eine fantastische Möglichkeit, sich auf seine Erfolg versprechende Zukunft zu fokussieren. Malen Sie sich detailliert Ihre Zukunft und Ziele aus, diese Sie mit hoher Wahrscheinlichkeit erreichen werden. Kleben Sie ihre Vorbilder auf Ihre Dreamboard. Gerne können Sie sich selbst neben Ihre Vorbilder kleben und die damit zukünftigen verbundenen Situationen. Seien Sie dabei sehr genau, und setzen Sie sich hohe Ziele, wo Sie in ein paar Jahren sein möchten.

4. Neue Projekte starten & Kooperationen bilden

Sie wollten schon immer ein Buch schreiben, eine App erfinden oder ein Start-up-Unternehmen gründen? Tun Sie es. In der heutigen digitalisierten Welt sind uns viele Möglichkeiten gegeben, sich selbst zu verwirklichen. Seien Sie kreativ und erstellen Sie, ein Business plan und machen Sie ernsthafte Strategien, wie Sie systematisch vorgehen wollen. Suchen Sie sich kompetente Kooperationspartner.

Das wird Ihren Erfolg steigern. Sie werden lernen, mit anderen Personen an Ihrem gemeinsamen Unternehmen zu arbeiten. Das wird Ihr Selbstvertrauen und Ihre Selbstliebe verdoppeln.

5. Indem man sich selbst fordert und die Selbstliebe wächst

Nehmen wir mal an, Sie starten z. B. Ihr eigenes Buchprojekt, was Sie schon immer wagen wollten, doch bis jetzt nicht getraut haben. Doch Sie wissen, Sie können ein gutes Buch schreiben, da Sie schon lange ein Thema haben, das Sie der Welt mitteilen wollen. Scheuen Sie sich nicht und starten Sie Ihr Projekt. Wer weiß, vielleicht schreiben Sie einen Bestseller. Vergessen Sie nicht, nichts ist unmöglich. Treten Sie aus Ihrer Box hinaus und werden Sie mutig. Informieren Sie sich darüber, wie Sie vorgehen müssen, um ein einwandfreies Produkt auf den Markt zu bringen und Mehrwert zu schaffen.

Es ist so weit, ihr Buch ist auf dem Markt. Nehmen Sie es in die eigene Hand und suchen Sie auch Kooperationen mit Blogger und Influencer, um Ihr Buch bekannt zu machen und schalten Sie die Presse mit ein. Sie werden sehen, wie die Präsenz eines Buches Ihre Selbstliebe steigern wird.

Es ist eine Herausforderung, die auch schon andere geschafft haben und Sie schaffen es auch.

6. Niemand ist Perfekt

Der perfekte Mensch existiert nicht, auch wenn die Medien und Frauenzeitschriften und was anderes signalisieren wollen. Keiner gibt gerne seine Fehler oder Schwachstellen preis, doch solange man ein Mensch ist, kann man auch leider Fehler machen. Verzeihen Sie sich Ihre Fehler. Jeder hat schon von uns schlechte Entscheidungen getroffen, die er später bereut hat. Wichtig ist es, nicht mehr darüber nachzudenken und daraus zu lernen und stärker zu werden, und diese Fehler beim nächsten Mal zu vermeiden. Hey, Sie sind keine Maschine, alles ist menschlich. Verurteilen Sie sich nicht selbst und Sie werden sehen, dass Sie das nächste Mal anders an die Sachen herangehen werden. Und zwar mit einem stärkeren Selbstwertgefühl und mehr Selbstliebe.

7. Seien Sie Ihre tägliche Sensation

Was, denken Sie, würde passieren, wenn sie die Kontrolle über Ihr Leben aus der Hand legen würden? Testen Sie es. Manchmal ist es von Vorteil, nicht zu planen und nicht zu wissen, wohin ihre Reise hingeht. Gehen Sie raus in die Welt und sagen Sie, ja, zu neuen Gelegenheiten. Sie werden sehen, was Sie verpasst haben. Es erwarten Sie viele neue Möglichkeiten. Sie werden überrascht sein. Vertrauen, Sie auf das Positive und es wird Ihnen begegnen.

5. Legen Sie los, mit ihren Erfolgsnotizen

Führen Sie Ihre Erfolgsnotizen. Schreiben Sie sich alles von der Seele, was Sie nicht mal ihrer besten Freundin erzählen würden. Es ist wichtig, es aufzuschreiben, um später noch mal darauf zugreifen zu können. Sie werden bemerken, dass Sie täglich Fortschritte in Ihrem Gefühlsleben machen werden. Seien Sie Ihr eigener Coach. Genau richtig, fangen Sie an, sich selbst zu coachen. Sortieren Sie durch Aufschreiben in Ihren Erfolgsnotizen, Ihre innere Gedankenwelt und schaffen Sie sich damit Klarheit über sich selbst.

6. Das Wörtchen »Nein«, ein kleines Wort, mit großer Wirkung.
Seien Sie vorsichtig dabei, als Jasager bei Ihren Freunden zu enden. Oft ist es nicht immer beabsichtigt, dass Ihr Umfeld Sie testet. Wenn Sie immer zu allem Ja sagen und für jeden immer da sind, verlieren Sie sich oft selbst dabei. Ihre Interessen bleiben dabei, oft auf der Strecke. Geben Sie acht, dass Sie ein gesundes Mittelmaß finden und lernen in gewissen Situationen auch mal, »Nein« zu sagen. Sie werden sehen, die Leute werden Sie mehr respektieren und wertschätzen. Wenn Sie dann einen Gefallen machen, wird es mehr honoriert, als dass Sie immer für andere rennen. Leute vergessen leider viel zu schnell, dass es nicht selbstverständlich ist. Geben Sie Ihnen keine Schuld, so ist die Psychologie eines Menschen. Der Mensch macht es sich schnell zur Gewohnheit, es für selbstverständlich zu halten.

7. Erstellen Sie eine Liste, mit Ihren bisherigen Erfolgen
Listen Sie detailliert auf, was Sie bisher in Ihrem Leben erreicht haben! Ich bin sicher, dass es eine Menge ist! Sie werden staunen, was Sie alles schon vergessen haben. Erfolge sind die Anerkennung dessen, die auf ihren Taten und erfolgsorientierten Denken beruhen. Wenn Sie auf Ihre Liste schauen, erkennen Sie, was für ein erfolgreicher und toller Mensch Sie sind. Sie werden sehen, das Gefühl der Selbstliebe wird sich bei Ihnen bemerkbar machen.

11. Kleine Pause einlegen
Machen Sie es sich täglich zur Gewohnheit, eine kurze Pause einzulegen. Gönnen Sie sich die Pause, gehen Sie spa-

zieren oder meditieren Sie jeden Tag 10 Minuten. Machen Sie kleine Übungen am Arbeitstisch, das wird Ihre Konzentration stärken, seien Sie kreativ. Lesen Sie ein Buch, um abzuschalten oder wertvolle Tipps zu lernen. So gestalten Sie jede Pause konstruktiv und wachsen in Ihrer Persönlichkeit. Der Aufwand ist minimal, doch Sie werden sehen, wie sie Fortschritte machen werden.

12. Erfolge annehmen

Seien Sie stolz auf sich. Es ist wichtig innezuhalten und zu verstehen, dann man sich den Erfolg verdient hat, den man mit harter Arbeit erreicht hat. Weiter so, Sie sind auf dem richtigen Weg zu mehr Selbstliebe.

13. Die tägliche Arbeit an Ihrem Selbstvertrauen

Achten Sie auf Ihr Bauchgefühl, dieses zeigt Ihnen den richtigen Weg. Instinktiv wissen Sie, was für Sie das richtige ist. Oft wird man durch andere Personen beeinflusst. Bleiben Sie stark und bauen und vertrauen Sie auf Ihre Intuition. Lernen Sie auf, Ihre menschlichen Instinkte zu hören. Sie werden sehen, dass Sie damit erfolgreich werden und ihre Selbstliebe wachsen wird.

14. Nutzen Sie die effektivste Kraft von außen

Die Nähe zu erfolgreichen und einflussreichen Menschen. Es ist wissenschaftlich bewiesen, dass es wichtig ist, mit wem man sich umgibt. Die fünf Personen in Ihrem Umfeld, werden Sie beeinflussen, ob Sie es wollen oder nicht. Achten Sie darauf, dass Sie sich mit Ihren Vorbildern umgeben. Sie werden Sie zur Selbstliebe und Erfolg führen.

15. Schätzen Sie sich selbst wert

Sich selbst wertzuschätzen, ist ein grundlegender Baustein, um eine erfolgreiche Zukunft zu kreieren. Seien Sie ein produktives Vorbild für Ihr Umfeld, und achten Sie auf sich. Damit ist gemeint, dass Sie darauf hinarbeiten sollen, die schlechten Gewohnheiten Schritt für Schritt abzulegen.

Machen Sie Dinge, die Sie weiterbringen und legen Sie, negative Dinge beiseite. Sie werden bemerken, wie andere Menschen Sie kopieren werden. Das ist die größte Anerkennung, die Sie erhalten können. Wenn andere Sie kopieren, dann haben sie etwas richtig gemacht. Machen Sie sich das bewusst.

Was sind die Auslöser für ein geringes Selbstbewusstsein?
-Die Ursachen geringen Selbstvertrauens-

Woher haben Sie Ihr minimales Vertrauen?

Vielleicht fragen Sie sich, warum Sie im Leben auf all die Schwierigkeiten treffen und sind frustriert darüber, dass Sie trotz Ihrer Anläufe, nicht das erreichen, was Sie verdient haben. Die Angst steigt, nicht gesehen zu werden und Sie sind frustriert darüber und kommen nicht heraus aus diesem Kreislauf! Doch es gibt Lösungen und Übungen, mit denen man das geringe Selbstvertrauen überwinden kann. Obwohl Sie schon einige Maßnahmen, in die Wege geleitet haben, kommen Sie nicht so weiter, wie Sie es im Leben wollen.

»Woher kommt das Selbstvertrauen?
(oder der Mangel an Selbstvertrauen)?«

Was für eine Rolle spielt die Vergangenheit und das Umfeld?

Wir wissen durch die Forschung, dass die Genetik nur teilweise eine Rolle spielt. Was noch bedeutender ist, ist die Erziehung, Glaubenssätze und Umfeld in welchem wir aufwachsen. Es wurde bewiesen, dass unser Vertrauen oder Mangel an Vertrauen sich schon im früheren, Kindesalter bildet. Gerade da, kann ein Trauma, was wir erleben, uns prägen und uns im Erwachsenenalter immer noch begleiten. Was also machen, wenn man viele schlechte Erlebnisse und Erfahrungen gemacht hat? Der Glaube wurde Ihnen nicht gegeben, dass Sie was erreichen können in ihrem Leben. Ihnen wurde immer gesagt und signalisiert, dass Sie nicht genug sind, oder es nicht schaffen werden! Dadurch haben Sie unbewusst die falschen Menschen in Ihr Leben gezogen und der Umwelt signalisiert, dass Sie nichts, besseres verdient haben. Es ist so wichtig, den Grundstein für Ihren Erfolg Ihres zukünftigen Lebens in der Kindheit zu setzen. Das wiederum erklärt, das,»Glück«, mancher Personen, die es im Leben leichter haben, als andere, die kläglich mit Ihren Versuchen scheitern. Lediglich ist»Versuch«, ein Vorwand dafür, es nur zu»versuchen«. Hören Sie auf, es zu versuchen, sondern tun Sie es. Doch, woher die Stärke nehmen, sich all dem zu widersetzen, wenn die Genetik und das Umfeld einen schlecht beeinflusst? Man sollte erst mal niemanden die Schuld für den Mangel an Selbstvertrauen und Selbstbewusstsein geben. Das wird Sie nicht weiterbringen und Sie nur frustrieren. Seien Sie Ihr eigenes Vorbild und kreieren Sie ein perfektes Bild Ihres Selbst. Suchen Sie sich einen Mentor, Coach oder Berater, falls Sie allein nicht weiterkommen. Hilfreich, um Ihr Selbstvertrauen und Selbstbewusstsein aufzubauen, sind Kinesiologie, Reiki und Matrix. Meditieren Sie täglich und kreieren Sie sich neue Glaubenssätze, um Ihr Weltbild zu verändern.

Ihr Selbstbild und Vertrauen (Mangel an Vertrauen)
wird auch genetisch weitergegeben:

Es wurde auf dem Gebiet durch renommierte Genetiker wie Robert Plomin am King's College in London geforscht. Diese Ergebnisse haben gezeigt, dass Teile ihrer Charaktereigenschaften und auch die eigene Intelligenz fest gesetzt durch ihre Genetik werden. Es wurden einzelne Gene untersucht, die sich das Selbstwertgefühl, Empathie und den Optimismus bilden, analysiert. Dabei hat man festgestellt, dass das Hormon Oxytocin (GG) mit guten sozialen Fähigkeiten verbunden ist. Jedoch eine andere Variante des Oxytocin Rezeptor-Gens (AA) hat nachgewiesen, dass eine Person eine erhöhte Empfindung gegenüber Stress und mangelndes Vertrauen aufweist.

Dabei sollte man beachten und sich darüber bewusst werden, dass man nicht die Schuld für sein mangelndes Vertrauen hat. Das wiederum, macht einem die Problematik bewusst und lenkt ihre Sichtweise auf einen anderen Standpunkt.

Zusammenfassung

Sie sehen Ihr Vertrauen, ist eine Kombination zwischen Genetik, ihren vergangenen Erlebnissen und Ihres Umfelds. Fangen Sie noch heute damit an, ihre Denkmuster über sich selbst zu ändern. Hinterfragen Sie ihr bisheriges Selbstbild und machen Sie sich bewusst darüber, die Ablehnung ihrer Vergangenheit nicht als Maßstab für sich zu nehmen. Meistens projizieren Menschen unbewusst, ihre Probleme auf andere. Auch da ist es wichtig, sich abzugrenzen. Fangen Sie jetzt damit an, ihre, Überzeugungen in Bezug auf sich selbst zu ändern!

7 Schritte die dir zu einem nachhaltigen Selbstvertrauen helfen

Sie müssen verstehen und fühlen, dass nur sie die Macht und Kontrolle über ihr Leben und ihre Gedanken haben. Natürlich ist es in der Theorie oft leichter gesagt als getan. Oft sind wir Produkte unserer äußeren Umstände, die manchmal unvermeidbar sind. Wenn wir Ablehnung von außen erfahren, könnten, unsere früheren Glaubensmuster, wieder aktiviert werden und, wir leben unbewusst unsere Muster aus der Kindheit im Außen aus. Stellen Sie sich vor, Sie werden in der Kindheit nur kritisiert und mit negativen Glaubenssätzen beeinflusst, dann können Sie sich leider sicher sein, dass Sie im Erwachsenenalter auch damit konfrontiert werden, wenn Sie es nicht effektiv lösen. Sie müssen sich das wie eine Zwiebel vorstellen, langsam wird diese von außen geschält, mit jeder Schale fällt ein Muster von Ihnen ab, bis Sie an den Kernpunkt ihres Problems angelangt sind. Es ist ein langsamer Prozess, alle Glaubensmuster zu lösen. Das ist auch der Grund, warum wir diese sieben Schritte für Sie beschrieben haben, um den Prozess der Heilung zu aktivieren, und Ihr Selbstvertrauen zu stärken.

1

Nutzen Sie »das Gesetz der Anziehung«

Angst und Unruhe sind Gefühle, die einen lähmen können. Im wahrsten Sinne des Wortes, stellt Panik und Angst dar, was in der Zukunft passieren könnte. Das heißt, wir gehen davon aus, dass es negativ sein wird, und unser Gehirn entwickelt automatisch ein Gefühl darüber, wie es bildlich aussehen könnte. Die daraus sich resultierenden Ängste, sorgen, dafür, dass man in Panik verfehlt, man fühlt sich machtlos dagegen, was in der Zukunft passieren könnte.

Dazu ein Beispiel: Sie sind sich vielleicht im Klaren darüber, dass sie die Präsentation, die sie halten werden, ausgezeichnet machen werden, doch sie befürchten, dass das Publikum sie ablehnen könnte. Was ist, wenn es sie kritisiert? Und das noch, zu Recht? Fragen Sie sich dann im Nachhinein. Selbstzweifel entstehen wiederum und wir werden nervös. Nervosität entwickelt sich wiederum aus der Unsicherheit darüber, was passieren könnte. Was also tun, um diesen Kreislauf zu umgehen?

Die einfache Vorgehensweise, ist es sich auf das positive Sinnbild zu konzentrieren, welches von ihrem Gehirn abgespeichert wird. Konzentrieren Sie sich darauf, wie sie sich sehen und das Publikum engagiert, enthusiastisch und interessiert auf ihren Vortrag reagiert, anstelle sich auf ein gelangweiltes, desinteressiertes Publikum zu fixieren.

Der Fokus, auf welches Sie ihr Sinnbild setzen, verursacht, in Ihnen ein Gefühl, welches dazu beiträgt, wie Sie die Situation, die Ihnen bevorsteht, erwarten. Wichtig ist es, die Situation sich detailliert auszumalen und davon überzeugt zu sein, dass es ein Erfolg sein wird.

Sie müssen jegliche Art der Selbstzweifel aus Ihrem System beseitigen. Sie fragen sich bestimmt, in der Theorie hört sich das alles optimal an, doch was ist, wenn ein unvorhergesehenes Ereignis eintritt? Wenn Sie z. B., auf dem Weg zu ihrem Vortrag, mit einer Straßensperre, Hindernis oder Stau konfrontiert werden? Sie kommen kein Stück weiter, und Sie wissen, Sie werden womöglich zu spät zu Ihrem Vortrag kommen.

Die Forschung hat herausgefunden, dass die Art, wie Sie mit sich selbst sprechen Ihre neurologische Reaktion in Stresssituationen beeinflusst. Wenn wir ein negatives Selbstgespräch führen, produziert unser Körper das Stresshormon Kortisol, das ihren Stress in der Situation immens steigern wird. Wenn Sie ihr Gespräch in eine positive Richtung wenden, wird es das Hormon, Neuropeptid Y, produzieren, was wiederum ein natürliches Entspannungsmittel ist und die Angst abbaut.

Und Sie wissen, es ist völlig kostenfrei, ein positives Selbstgespräch zu führen.

Sagen Sie zu sich selbst: »Ich schaffe das, komme, was wolle, ich kann das!« Wir werden lernen, unseren Erfolg effektiv zu visualisieren, wenn wir gezielt positive Reaktionen auf unsere Umstände wählen, um den emotionalen Teil unseres limbischen Nervensystems, der die Angst steuert, außer Kraft setzen.

Um Ihr Ziel effektiv zu erreichen, braucht es eine eiserne Disziplin und Durchhaltevermögen und den Willen sich als Sieger zu präsentieren. Der Wille zu gewinnen muss größer sein, als die Zweifel, die sie hegen.

Sie müssen lernen, ihren Erfolg zu visualisieren, um zu einem klaren Ergebnis zu kommen. Wenn sie ein genaues Ziel haben, und sie klar ihr Endziel dabei vor Augen halten, nimmt es eine klare Form an, die wiederum zu einem positiven Endergebnis führt.

Hierzu gebe ich Ihnen ein Beispiel:

Die größte Herausforderung, in meinem Leben war, als ich einen Vortrag zum Thema Gesundheit, vor über 5000 Menschen in Pennsylvania halten sollte. Obwohl es auf dem Gebiet, nicht mein erster Vortrag gewesen ist, konnte ich meine Nervosität eine Woche vor dem Vortrag, einfach nicht in den Griff bekommen. Ich fragte mich selbst, was also tun, um am Tag der Präsentation vor so einem großen Publikum frei und locker sprechen zu können? Ich war in der Kindheit eher eine schüchterne Person und mit zwei älteren Geschwistern aufgewachsen. Da ich ein sehr empfindsamer Mensch bin, habe ich mich oft als kleine Schwester emotional benachteiligt gefühlt. Im Erwachsenenalter konnte ich meine Schüchternheit durch meinen Beruf überwinden, jedoch war es auch für mich eine ganz neue Situation. Doch was ist, wenn ich am Tag des Vortrages, nicht ein Wort herausbekommen würde und meine frühere Schüchternheit wieder überwiegt? Dabei könnte es meine bisherige Karriere negativ beeinflussen. Sie sehen also, dass die Angst wieder verstärkt ins Spiel kommt, wenn man weiß, was die Konsequenzen sein können und der Druck steigt. Ich wollte meine Nervosität und Gedankenspirale durchbrechen, indem ich mir immer wieder visualisierte, wie ich am Tag des Vortrages vollkommen gelassen und frei vor dem Publikum sprechen konnte. Dabei habe ich, jede Situation detailliert ausgemalt und immer wiederholt. Ich habe mir vorgestellt, wie mir die Leute nach Ende meines gelungenen Vortrages applaudierten und Fragen stellten, die ich mit Zuversicht beantwortet habe. Ich habe es mir in allen Farben ausgemalt. Nach dem Vortrag kamen immer noch Leute aus dem Publikum, die mir zu meiner erfolgreichen Präsentation gratulierten! Der Fokus, ging gezielt auf das positive Bild, welches sich manifestierte. Als der Tag X, endlich kam, war ich tatsächlich nicht aufgeregt und vollkommen ruhig und zuversichtlich. Es war für mich ein Erfolgserlebnis, welches mich enorm weitergebracht hat in meinem Leben und mein Selbstvertrauen verdoppelt hat. Erfolg ist die beste Bestätigung, die sie bekommen können, um ihr Selbstvertrauen dauerhaft zu stärken.

Übungen, um Ihren Erfolg zu visualisieren:

1. Geben Sie Ihrem Unterbewusstsein, ein detailliertes Bild Ihres Ziels

Jeder hat mal klein angefangen.

Das bedeutet nicht, dass sie klein bleiben müssen. Benutzen Sie ihr Vorstellungsvermögen! Bitte seien sie sehr präzise, es muss sich für sie realistisch anfühlen, demnach entsteht auch der Glaube und der versetzt bekanntlich Berge! Es muss so sein, als wären sie schon in dieser Situation! Beobachten sie genau, wie sie sich in der visualisierten Realität fühlen, wer begleitet sie auf diesem Weg? Wie fühlt es sich auf der Haut an? Welche Farben sehen sie? Was schmecken sie? Was riechen sie, was nehmen sie um sich herum wahr? Je realistischer Sie es sich ausmalen, desto größer ist die Erfolgschance auf die Realisierung Ihrer Zielbilder.

2. Schreiben Sie Ihre Ziele auf Papier

Verfassen Sie eine Liste, mit allen Zielen, die Sie in Zukunft erreichen möchten. Bitte gehen Sie auch hierbei sehr detailliert an die Liste. Je detaillierter, desto Erfolg versprechender wird es sein. Dabei hilft es, genaue Ziele zu verfassen, die sie in Zukunft erreichen möchten. Sollten sie Schwierigkeiten beim Verfassen ihrer Ziele haben, überlegen sie genau, was sie sich von Herzen wünschen. Was wollen sie im Leben erreichen? Welche Persönlichkeit möchten sie darstellen? Haben sie Vorbilder? Kleben Sie diese an die Wand, das wird sie motivieren. Es gibt noch eine Variante, die ich ihnen zeigen möchte, die ihnen hilft, die aufgeschriebenen Ziele noch stärker zu manifestieren.

Dazu das Beispiel:

Nachdem sie genau wissen, was sie erreichen möchten, schreiben sie es detailliert auf Papier oder in ein Journal. Es ist wichtig, dass sie es aufschreiben. Durch die Aktivität, wird uns noch mal bewusst werden, was wir genau erreichen möchten. Halten Sie sich genau an ihre Wünsche. Sie sind der Erschaffer ihrer eigenen Realität. Diese Aufgabe kann niemand anderes für sie übernehmen. Wenn sie ihre Liste, mit ihren definierten Zielen fertig haben, setzten sie unten ein Y als Abschluss. Nun nehmen sie ein Glas Wasser und halten sie es in ihrer rechten Hand. Stellen Sie ihre Stoppuhr auf drei Minuten. Lesen Sie jeden Morgen oder Abend, drei Minuten lang, laut ihre Wünsche vor und nachdem die Zeit abgelaufen ist, trinken sie das Glas Wasser langsam aus.

Diese Vorgehensweise wird Ihnen nach täglichen Wiederholungen, helfen Ihre Ziele zu verinnerlichen und zu visualisieren und manifestieren. Sie werden nach einer Zeit bemerken, dass der Erfolg sichtbar in ihrer Realität wird. Auch ist es von Vorteil, dass sie jedes Mal auf ihre Liste zurückgreifen können und sich nochmals die Ziele und Pläne bewusst vor Augen zu führen, wenn doch Zweifel auftauchen. Ich rate ihnen niemanden von dieser Liste oder ihrem Vorhaben zu erzählen, bis sie realisiert sind.

Oder sie haben Gleichgesinnte an ihrer Seite, denen sie davon berichten können, die es auch für sich nutzen können. Menschen, die es neigen, sehr kritisch zu sein, sollten sie diesbezüglich meiden, da es oft passiert, dass die Energie eines einzelnen ihre Pläne schnell überwerfen können, solange sie noch nicht in sich gefestigt sind. Setzen Sie Prioritäten in Ihrem Leben, und stellen Sie sich selbst immer an erster Stelle!

Dieser Prozess ist wichtig, um an ihre Ziele zu glauben, und auch die notwendigen Schritte im Außen zu unternehmen, ohne diese nichts geschehen wird! Es ist die Kombination an Visualisierung, Ziele setzen, und unerschütterlicher Glaube an die Erfüllung ihrer Wünsche. Doch sollten sie auch ins Handeln kommen, um ihre Ziele zu erreichen. Diese Kombination, ist eine Erfolg versprechende Lösung, die sie auf ihren Weg erfolgreich nutzen können.

3. Arbeiten Sie mit Frequenzen

Nutzen Sie Meditationen mit Frequenzen, die Ihre Schwingung positiv verändern wird, um dauerhaft Erfolg, Liebe und Wohlstand in Ihr Leben zu ziehen. Lösen Sie sich ab sofort von niedrig schwingenden Frequenzen wie Neid, Missgunst und Hass. Das wird Sie nicht zum gewünschten Erfolg führen.

4. Seien Sie achtsam mit der Art, wie Sie mit sich selbst sprechen!

Forscher wissen, dass es ungemein ihre Situation und Gefühlsleben beeinträchtigt, in Bezug dazu, wie Sie mit sich selbst sprechen. Wenn Sie immer wieder ein negatives Selbstgespräch führen, werden Sie nur noch Ihre Panik, Angst und Nervosität verstärken und nicht ihr gewünschtes Ziel erreichen.

Dabei spielt Talent und Potenzial keine wesentliche Rolle. Es ist bedeutend, sich auf das positive zu konzentrieren und ein erfolgsorientiertes Gespräch mit ihnen selbst zu führen. Bedenken Sie, die Art, wie sie mit sich reden, ist die Erlaubnis der anderen Menschen, sie auch so zu behandeln. Wenn sie nicht selbst mit sich im Reinen sind, wie können sie was anderes von der Außenwelt erwarten? Die Außenwelt spiegelt ihre innere Verfassung wider.

5. Subliminals

Sie können positive Subliminals anhören, und nebenbei Sport machen oder einfach nur dabei entspannen. Subliminals sind unterschwellige Botschaften an das Unterbewusstsein, die so leise gesprochen werden, dass man sie nicht bewusst wahrnimmt. Jedoch hilft es andere Glaubenssätze in Bezug auf sich selbst aufzubauen, und an das Unterbewusstsein weiterzugeben. Der Kritiker, demnach das Bewusstsein, kann in dem Fall nicht widersprechen. Doch alles sollte in Maßen genutzt werden, bitte überfordern Sie sich nicht dabei.

2

Führen Sie Buch über
ihre effektiven Ergebnisse!

Jetzt möchte ich Sie bitten, sich zurückzulehnen, innezuhalten, und ihre Erfolge detailliert aufzuzeichnen. Manchmal passiert, es oft, dass wir in der Hektik des Alltags, unsere bisherigen Erfolge vergessen und nach immer mehr streben. Das Streben nach mehr Erfolg ist immer optimal. Jedoch lässt es uns manchmal nicht innehalten, was wir bis jetzt schon im Leben erreicht haben. Unsere Gesellschaft verlangt täglich nach mehr Leistung und Perfektion und die Zeit wird schnelllebiger, sodass wir manchmal vergessen einen kurzen Moment innezuhalten und unsere Erfolge zu honorieren und wertzuschätzen. Nehmen Sie sich Zeit dafür, ihren Erfolg zu genießen und alle Erfolge, die sie bisher erreicht haben, aufzuschreiben. Das wird ihnen nochmals, bewusst vor Augen halten, was sie erreicht haben. Sie erwarten vielleicht den Zuspruch ihrer Familie und Freunde. Doch warten Sie bitte nicht auf die Anerkennung von Außen. Sie selbst sollten sich anerkennen, der Rest wird ihnen folgen! Vor allem, wenn es Tage gibt, an denen alles schlecht zu laufen scheint, nehmen sie die Liste ihrer aufgeschriebenen Erfolge heraus und lesen sie sich das in Ruhe durch immer wieder. Das lässt sie leichter überwinden, wenn es mal nicht so gut läuft. Seien Sie stolz auf sich! Was sie bisher erreicht haben und noch erreichen werden.

»Glück«, oder »Zufall«
Der Baustein für Ihren Erfolg?

Was denken Sie, ist es Glück oder Zufall, wenn ein Einzelunternehmen mit seinem Umsatz steigt oder ein einzelner Unternehmer von Erfolg gezeichnet wird? Meistens ist es, dass wenn man mehr Arbeit in sein Vorhaben investiert und sorgfältig, die positiven wie negativen effizienten Anhaltspunkte berücksichtigt, ist der Erfolg in sichtbarer Nähe. Seien Sie geduldig, es wird sich auszahlen. Nur wer in sich und seine Arbeit investiert und weiterhin an dem Baustein seines Erfolges arbeitet, wird auch, »Glück« haben und die Umsatzzahlen werden weiterhin ansteigen. Manche Leute scheinen einfach mit Glück gesegnet zu sein, wiederum andere immer wieder an kleinen Sachen zu scheitern, die sich ihnen in den Weg stellen. Woran liegt es? Liegt es am einzelnen Charakter und Durchhaltevermögen oder Stärke? Es ist eine Mixtur aus vielen Faktoren, die das Glück jedes einzelnen steuern. Auch wenn Menschen in wohlhabenden Familien aufwachsen, oder ein Lottogewinn vorerst von Glück erscheint, ist es jedoch von jedem einzelnen abhängig, was er daraus macht. Jeder entscheidet selbst über sein

Glück und Erfolg. Ermutigen Sie sich selbst, mit ihren bisherigen Erfolgsgeschichten, die Sie in ihrem Journal verfassen, seien Sie bitte nicht bescheiden und lassen Sie nichts weg. Es ist niemals verkehrt, sich mit positiven Affirmationen täglich aufzubauen, die sogar noch auf Fakten beruhen. Bitte seien Sie verdammt noch mal stolz auf sich.

Machen Sie sich zu einer besonderen Persönlichkeit!

Nehmen wir an Sie haben ein Buch geschrieben, erstellen Sie ihren eigenen Blog darüber, um welches Thema es sich spezifisch dabei handelt und wie Sie damit anderen helfen möchten. Wenn sie das Gefühl haben anderen helfen zu können, werden Sie auch in ihrer Persönlichkeit und Kompetenz über sich hinauswachsen. Außerdem kommt das Gute immer zu ihnen wieder zurück, ob von einer einzelnen Person, der sie wirklich geholfen haben, oder auf eine andere Art und Weise. Falls sie vorhaben ein Interview zu führen, das ihr Buch an Bekanntheitsgrad verhelfen könnte, scheuen sie sich nicht, die Presse anzuschreiben, um in einem Interview zu glänzen. Das Aufzeichnen eines Interviews kann sie noch mal ganz gezielt, darüber bewusst machen, was für großartige Sachen Sie auf die Beine gestellt haben. Halten Sie auch noch mal inne, wenn es Tage gibt, wo wieder die Zweifel an Oberhand gewinnen. Prüfen Sie ihre Erfolge auf Fakten, die ihren Erfolg belegen, wenn sie das schaffen, kann sie kein Zweifel der Welt mehr vom Gegenteil überzeugen. Halten Sie sich immer vor Augen, dass auch Sie es schaffen können, genauso wie andere es schon geschafft haben. Sie sind nicht schlechter. Sie müssen nur anfangen.

Erfolgreiche Leistungen

Belohnen Sie sich jeden Tag aufs Neue, wenn Sie eine erfolgreiche Leistung für sich erbracht haben, warten Sie nicht, bis Sie von außen Lob bekommen. Der Trick ist es, sich selbst jeden Tag aufs Neue wertzuschätzen. Machen Sie sich niemals abhängig von den Meinungen anderer, nur so können Sie zu dem Menschen werden, der großes erreichen kann.

Denken Sie an ihre letzte erfolgreiche Leistung, die sie erbracht haben und belohnen Sie sich mit dem Gedanken, dass sie was wirklich Gutes geleistet haben. Stellen Sie eine Liste zusammen, z. B. über ein Unternehmen, dass sie schon seit mehreren Jahren führen. Stellen Sie Jahresberichte, Umsätze, Aktionen, Verkaufslisten und Artikel zusammen, die zu ihrem Unternehmen gehören und vergleichen Sie jedes Jahr, und ich bin überzeugt davon, dass sie eine Steigerung ihrer Einnahmen und Leistungen entdecken konnten.

Medaille für besondere Leistungen

Vielleicht betreiben Sie Leistungssport und gewinnen eine Goldmedaille oder eine Auszeichnung für einen Artikel, der in der New York Times erscheint, oder sie sind professioneller Schwimmer und haben immer wieder Auszeichnungen bei Wettbewerben gewonnen. Auch wenn, Sie nur im Schultheater gefeiert und bejubelt werden.

Seien Sie stolz auf sich selbst und stellen Sie ihre Medaillen und Trophäen am besten dahin, wo Sie sie immer sehen können.

Vielleicht haben sie ein Arbeitszimmer, wo sie diese aufbewahren können. Halten Sie es sich vor Augen, dass Sie großes erreicht haben, und Sie weiterhin große Leistungen vollbringen, da sie die Garantie haben, dass Sie schon einmal das unmögliche erreicht haben. Alles scheint unmöglich, bis man es tatsächlich macht und erreicht. Glauben Sie an ihren Erfolg und er wird zum Greifen nah sein.

Finanzielle Erfolge

Dies kann eine Gehaltserhöhung in den letzten Jahren gewesen sein, aufgrund ihrer adäquaten Leistung in Betrieb. Vielleicht haben Sie auch eine App erfunden und damit ihren Lebensunterhalt gesichert. Der Umsatz ihres Betriebes steigt jedes Jahr, mit der Kompetenz ihrer Mitarbeiter, die sie geschult haben. Sie zahlen sich selbst aus, und ihr Einkommen steigt jedes Jahr um das doppelte. Oder Sie besitzen eine wertvolle Immobilie und der Wert der Immobilie wächst und Sie haben sich ein passives Einkommen gesichert. Notieren Sie auch den Werdegang dazu, wie sie diesen finanziellen Erfolg erreicht haben. Das wird Sie noch in ihrem Tun bestätigen!

Herausforderungen, die Sie gemeistert haben:
Denken, Sie zurück an, ein Konflikt, am Arbeitsplatz, den sie erfolgreich bewältigt haben. Sie allein haben sich der Herausforderung gestellt und haben dafür eine angemessene Lösung gefunden! Denken Sie an eine komplizierte Situation zurück, wo Sie eventuell einen Konflikt mit einem Kunden/Mitarbeiter oder Kollegen hatten.
Durch Überwinden herausfordernder Lebenssituationen wachsen wir in unserer Persönlichkeit. Wir überwinden das Hindernis und werden selbstbewusster.

Hervorragende Ergebnisse und Produkte, die die
Erwartungen Ihrer Mitmenschen übertroffen haben:

Ein brillantes Ergebnis bei einer fristgerechten Fertigstellung ihres Projektes ist eine Bestätigung dafür, dass sie Fähigkeiten besitzen und vorausschauend eine richtige Struktur aufweisen und richtig planen können. Falls sie befördert wurden, und ab jetzt eine Führungsposition übernehmen, bereiten sie sich darauf vor und übertreffen sie mit richtiger Planung und Koordination ihrer Aufgaben andere. Seien sie schneller und effizienter als ihre Kollegen. Damit beabsichtige ich sie nicht zu einem Konkurrenzkampf aufzufordern, im Gegenteil. Durch ihr stetiges Wachstum und die Position, die sie einnehmen werden, werden Sie eine ausgezeichnete Führungsposition übernehmen und Sie behalten können. Gleichwohl, zeigt schon eine Beförderung das Vertrauen in ihre jetzigen Fähigkeiten, die Sie besitzen. Seien Sie die Führungskraft, die Sie sich selbst als Ansprechpartner wünschen.

3

Gründliche Vorbereitung!

Stellen Sie sich vor, ich wäre ohne Vorbereitung zu meinem Vortrag zum Thema Gesundheit, vor 5000 Leuten gegangen. Was denken sie, wäre mir passiert? Ich vermute, ich hätte nicht den gleichen Erfolg erzielt, den ich mit meinem Vortrag erreicht habe! Natürlich ist nicht jede Vorbereitung, in so einer Größenordnung, wie bei 5000 Menschen, dennoch schadet es nicht, sich genauso darauf vorzubereiten! Ich will damit sagen, dass sie nicht wissen, wer von ihnen steht. Wenn sie zu einem Gespräch gehen, welches ihre Karriere fördern könnte, bereiten sie sich ausgiebig vor, es könnte maßgebend für ihren Erfolg sein. Vorbereitung gibt ihnen die Sicherheit, die sie benötigen, um während einer Präsentation zu glänzen. Falls ihnen nicht genug Zeit bleibt sich ausgiebig vorzubereiten, da sie sich in der alltäglichen Hektik verlieren, sollten sie Prioritäten setzen und die einzelnen Punkte auf ihre Wichtigkeit analysieren. Auch sollten sie ihre innere Haltung den Gegebenheiten anpassen, und sich konzentrieren. Seien sie präsent und ihr Gegenüber wird es registrieren. Geben Sie jedem Menschen, ihre volle Aufmerksamkeit und er wird sie wertschätzen. Ihre Ausstrahlung wird sich zum positiven, verändern.

4

Lernen Sie aus Ihren Fehlern!

Leider ist es in der heutigen Zeit immer mehr der Fall, dass ein Fehler, oft als Schwäche angesehen wird. Durch große Reklametafel und soziale Medien, wo uns scheinbar das perfekte Leben der anderen tagtäglich präsentiert wird, steigert den Druck immens. Es ist eine Leistungsgesellschaft. Man wird oft nach seinen Leistungen bewertet und nicht nach seinem Können oder Potenzial. Vermutlich fühlen sie sich schlecht, wenn sie einen Fehler gemacht haben und denken an ihren letzten Versuch und an ihren Fehler zurück und scheuen sich davor, ihn noch einmal zu machen. Das kann ihren Willen und Mut beeinträchtigen. Wenn sie sich zu viele Sorgen machen, dass sie wieder den Fehler begehen können, ist es eine selbst erfüllende Prophezeiung, die sie meistens wiederum durch ihre Sorgen und Ängste hervorgerufen haben.

Ich weiß, es ist leichter gesagt als getan, doch lassen sie sich nicht entmutigen und halten sie sich vor Augen, dass jeder Fehler macht, tagtäglich. Tatsächlich können Fehler nützlich sein, für ihre zukünftigen Erfahrungen aus, den sie aus der Vergangenheit gelernt haben. Bleiben Sie positiv, wenn sie ein Feedback zu ihrem Fehler erhalten und nehmen Sie es nicht persönlich.

Nehmen wir an, sie haben den Schritt gewagt und haben eine Weiterbildung auf eigene Faust gebucht und viel Geld dafür bezahlt, sie waren sehr voreilig und wollten unbedingt, diese Fortbildung machen. Als sie die Fortbildung gemacht haben, haben sie festgestellt, dass sie besser und ausgiebiger hätten recherchieren sollen, da sie inhaltlich nicht gerechtfertigt für diesen hohen Preis war. Achtsamkeit ist sehr wirkungsvoll Fehler von vorne rein zu vermeiden!

Seien sie achtsam und sich darüber bewusst, bevor sie den nächsten Schritt wagen. Das bedeutet nicht, dass sie Angst davor haben sollen, sondern eine ausgiebigere Recherche hätte ihnen in dem Fall mehr gebracht. Sie hätten Geld sparen können und eine andere Fortbildung finden können.

Durch Ungeduld können manchmal Leichtsinnsfehler gemacht werden, die man hätte leicht vermeiden können.

Seien Sie ehrlich zu sich selbst & Setzen Sie sich große Ziele

Wenn Misserfolg auf ihren Weg auftritt, ist es immer ärgerlich und enttäuschend. Es ist die Sichtweise, die sie auf die Dinge entwickeln. Und unterscheidet, die Menschen maßgebend in erfolgreichen und weniger erfolgreichen Menschen. Der Unterschied liegt oft daran, dass erfolgreiche Menschen nicht aufgegeben haben, weiterhin an ihrem Erfolg zu arbeiten.

Auch wenn man als Außenstehender immer nur das Endresultat erfolgreicher Menschen sieht, ist es jedoch oft ein langer und harter Weg, bis der Erfolg sichtbar wird. Es liegt an ihnen, ob sie sich entscheiden weiterzumachen oder den Kopf in den Sand stecken und am Misserfolg verzweifeln. Seien sie so, wie erfolgreiche Menschen, machen sie weiter und entwickeln sie eine bessere Strategie, die unwillkürlich zum Erfolg führen wird.

Wenn sie nicht weitermachen, werden sie niemals erfahren, was hätte passieren können, oder was sie hätten noch in der Welt bewirken oder erreichen können. Hören Sie auf, sich kleinzumachen! Auch, wenn das oft in unserer Welt passiert! Sie können mehr in der Welt bewirken, als sie denken. Jedoch gewiss benötigt jeder, große zukünftiger Erfolg eine Erfolg versprechende Strategie. Legen Sie sich einen Plan an, recherchieren Sie, bevor Sie alles in die Wege leiten. Wissen gibt ihnen die Macht und die Sicherheit, die sie auf dem manchmal steinigen Weg benötigen, um ihre Träume zu realisieren.

Sollten sie ein Produkt auf dem Markt bringen wollen, bilden sie ein Team und führen sie Tests durch, bevor sie es dem Kunden anbieten. Durch die, Test wird sie und ihr Team ein Veränderungsmechanismus entwickeln, der es unmöglich machen wird, Fehler weiterhin zu verarbeiten und zu machen. Behandeln Sie die Fehler, bevor sie sich weiterentwickeln können. Bauen Sie ihre eigene Strategie auf, wie sie in Zukunft fehlerfrei verfahren möchten.

Verwenden von Fehlern, zu Ihrem Vorteil
Scheitern und Misserfolg gehört zum Leben dazu und ist manchmal unvermeidlich. Oft ist Scheitern und Misserfolg ein Lernprozess und Bestandteil eines Lernprogramms. Es ist eine Lernmöglichkeit seine Fähigkeiten und Potenziale neu zu entdecken, auf dem Weg des Erfolges besser zu nutzen. Da es das Endziel ist, den Erfolg voranzutreiben, kann man gestärkt aus der vorherigen Erfahrung lernen und diese in zukünftige Projekte einsetzen. In den nächsten Punkten geht es darum, als Lernender mit dem Scheitern umzugehen und die, Nutzen für sich aus dem Misserfolg zu ziehen.

Lernen Sie es auch, mit Ablehnung umzugehen
Bedenken Sie dabei, wie sie reagieren werden falls, ihr Chef gerade nicht einen guten Tag hat. Wenn sie wissen, dass am nächsten Tag, eine herausfordernde Situation auf sie zukommt, seien sie darauf vorbereitet, dass sie auch kritisiert werden könnten und wie sie in dieser Situation gelassen reagieren, können und sachlich bleiben. Machen Sie es sich zur Aufgabe, nichts persönlich zu nehmen. Natürlich sagt sich das so leicht. Doch Sie wissen, dass das Universum auch nicht bewertet.

Wissen, akzeptieren und von Fehlern lernen
Man sollte immer sein Bestes geben, in jeder Situation. Wir wissen jetzt, dass Fehler manchmal unvermeidbar sind. Dennoch sollten sie nicht ihre Leidenschaft oder Energie dafür bremsen, weiterhin ihr bestes in einem Projekt zu geben. Verfolgen Sie weiterhin ihr Ziel und halten Sie es sich vor

Augen, das wird ihnen helfen weiterzumachen. Misserfolg ist ein natürlicher Bestandteil in unserem Leben. Lassen Sie sich davon nicht bremsen. Sie lernen, jeden Tag was Neues, und wissen, dass sie dadurch nicht den gleichen Fehler zweimal machen werden.

Keine Angst vor dem Scheitern
Die Angst kann unser Bremsmechanismus aktivieren und lähmen. Angst versetzt uns in Panik und lässt uns die Situation manchmal nicht mehr klar sehen. Sie sollten, sich immer fragen, was kann Ihnen im schlimmsten Fall passieren? Es gibt keinen Grund, in Angst zu verfallen, da es ihr Potenzial untermauert. Große Sachen, bedeuten sich aus seiner Komfortzone zu wagen. Das fühlt sich im ersten Moment immer etwas befremdlich an. Machen Sie es sich zur Gewohnheit, mit kleinen Schritten auf ihr Ziel zuzugehen. Somit minimieren sie die Angst und sie werden kleine Erfolge sehen, und werden mutiger. Auch, wenn Sie Fehler machen, betrachten Sie Fehler immer als Lernerfahrung und Prozess, der zum Leben dazu gehört.

Lernen ist ein Prozess
Lernen ist ein stetiger Prozess, der sie zu einer neuen Persönlichkeit wachsen lässt. Sie überwinden Fehler und Irrtümer und gehen gestärkt aus der Sache heraus. Bedenken Sie, dass es nicht das erste Mal ist, dass sie einen Fehler gemacht haben und vermutlich auch nicht das letzte Mal.
Betrachten Sie Lernen nicht als Endergebnis. Es führt sie lediglich durch einen Lernprozess und so kommen sie Schritt für Schritt an ihr Ziel. Geben Sie nicht nach der Hälfte auf und verurteilen Sie sich nicht für ihre gemachten Fehler. Nichts Gelerntes, geht in ihrem Leben jemals verloren. Vielleicht sagen sie sich, dass es alles umsonst war, doch ich ga-

rantiere ihnen auf lange Sicht gesehen, war jeder Weg hilfreich, den sie für sich gewählt haben, und trotz Fehler wird es ihnen in der Zukunft hilfreich sein.

Betrachten Sie Fehler vorausschauend!
Fehler zeigen sich nicht sofort, daher ist es ratsam vorausschauend zu handeln und Fehler zu vermeiden, bevor sie passieren. Sie können aus der Ferne Korrekturmaßnahmen ergreifen und kontinuierlich daran arbeiten, bevor ein gravierender Fehler geschieht, den sie vermutlich im Endprodukt nicht mehr korrigieren können. Seien sie achtsam und ihnen werden, weniger kleine Fehler passieren. Erfolg ist planbar! Fahren Sie ihre Strategie, und vermeiden Sie Fehler, wo sie noch unscheinbar sind. Mit dieser Vorgehensweise werden sie die großen Fehler erst gar nicht machen.

Verwenden Sie Fehler als Motivation
Fehler können eine unheimliche Motivation sein, weiterzumachen und es das nächste Mal fehlerfrei auszuführen. Es kann ihren Mechanismus stärken oder schwächen. Bedenken Sie, den Fehler, den sie in der Vergangenheit gemacht haben, ist oft leider nicht mehr zu korrigieren. Jedoch lassen sich zukünftige Fehler geschickt vermeiden.

Manchmal ist es nicht so einfach weiterzumachen und den Fehler zu überwinden. Es ist in Ordnung zunächst zu scheitern, und wieder einen Schritt zurückzufallen um seine Kräfte zu sammeln und die Ressourcen zu sortieren, umso gestärkt und erhobenen Hauptes wieder nach vorne zu gehen. Denken Sie daran als, sie schwimmen gelernt haben. Wie viele Versuche hatten sie, bis Sie endlich schwimmen konnten? Und wie groß war das Gefühl, als sie es endlich konnten? Wenn sie aufgegeben hätten, könnten sie es heute noch nicht. Geben Sie nicht auf, und denken Sie an das Glücksgefühl, als es das erste Mal funktionierte!

Teilen Sie Ihre Fehler mit anderen

Viele Menschen, wollen ihre Fehler nicht mit anderen besprechen und scheuen sich es den Mitmenschen zu erzählen. Verständlich, Fehler bedeuten, sich einzugestehen, dass man an einem Punkt versagt hat.

Doch andererseits, wenn sie es mit ihrem Mitmenschen besprechen, werden diese vermutlich zugeben, dass sie den gleichen Fehler auch schon gemacht haben. Und sie werden, primär in der Arbeitswelt, zusammen lösungsorientiert daran arbeiten. Eine Analyse ist von Vorteil, den sie gemeinsam mit anderen Personen besser durchführen können. Ihr Gegenüber hat einen anderen Blickwinkel auf den gemachten Fehler. Misserfolg ist kein Endzustand, sondern eine Herausforderung, die sie gemeinsam als Team besser meistern können als allein.

Scheuen Sie nicht ihre gemachten Fehler mit ihren Kollegen manchmal zu teilen. Stehen Sie erhobenen Hauptes auf, und stehen Sie dazu. Sie wissen, es spielt keine Rolle, wie oft sie hinfallen, sondern ob sie wieder aufstehen und weitermachen. Sie werden stolz auf sich sein und ihre Kollegen werden ihnen Respekt entgegenbringen.

Das Wissen entwickeln, um weiterzumachen

Diese Definition beschreibt, die Motivation, die angetrieben wird, wenn sie feststellen, dass sie gescheitert sind, jedoch wieder aufstehen und zu sich selbst sagen: »Ich werde das beim nächsten Mal, besser machen! Ich kann das!« Vergeben Sie ihre Fehler und lassen Sie los. Nur so können sie voller Selbstvertrauen weitere Schritte setzen, um an ihr Ziel zu kommen. Investieren Sie ihre Zeit und Ressourcen sinnvoll, nur dann wird es sie zum gewünschten Erfolg führen.

Schritt für Schritt zum Erfolg nach gewonnenen Erkenntnissen:

Jetzt ist es wichtig, sich seinen Herausforderungen zu stellen und das Gesamtbild zu betrachten und weiterhin zu einer erfolgsorientierten Analyse zu kommen und den Misserfolg zu überwinden und weiterzumachen. Scheuen Sie sich nicht davor, Erfolg versprechende Vorschläge zu machen und ein Meeting mit ihren Kollegen abzuhalten, um zukünftige Projekte und Produkte zu kreieren. Lernen Sie es, als Team erfolgreich zu wachsen und mehrere Ideen in ihre Projekte oder Produkte einfließen zu lassen, es wird sich positiv auf das Endresultat auswirken. Besprechen Sie die Probleme, die auftauchen könnten und gehen Sie als positives Beispiel voran, in dem Sie Mut beweisen, ihre Ideen an den Markt zu bringen. Sobald sich eine Türe schließt, öffnet sich ein andere, mit Sicherheit.

5

Vermeiden Sie Verbissenheit!

Wir sind soziale Wesen, wir fühlen uns stärker in der Gruppe und schwimmen meistens mit der Masse, um nicht negativ aufzufallen oder zu gefallen. Im Grunde möchte jeder geliebt und anerkannt werden! Psychologisch gesehen ist es ein entscheidender Faktor, warum wir oft im Außen nach Anerkennung durch z. B. soziale Medien suchen. Sie wollen perfekt erscheinen und sich auch so nach Außen präsentieren. Seien sie nicht so verbissen und vermeiden sie es, um Anerkennung zu kämpfen! Bleiben Sie authentisch und handeln Sie intuitiv, das wird Ihnen mehr helfen, als verbissen gegen verschlossene Türen zu rennen. Manchmal hilft es, die Verbissenheit zu lösen, indem man auf die Person eingeht und seine Arbeit den Kollegen anpasst, das wiederum wird ihnen helfen, erfolgreicher im Team zu arbeiten. Bilden Sie Freundschaften & Kooperationen mit kompetenten Menschen, das wird sie auf Dauer enorm weiterbringen und sie können so ihr Potenzial leben.

6

»Selbst-Motivation«
wird ihnen weiterhelfen

Das Schwierigste an der Arbeit an sich selbst, ist es nicht jeden Tag aufs Neue, in die alten Muster und Glaubenssätze zu verfallen. Wir haben es uns zur Gewohnheit gemacht, in die alte Struktur zu gehen, da sich diese vertraut anfühlt. Man fühlt sich sogar wohl, wenn man im Mitleid badet, und andere einen trösten können. Egal, wie viele Seminare sie besucht haben und an sich gearbeitet haben, sie kommen trotzdem nicht an den Knackpunkt, um ihre Muster vollständig zu lösen. Wer kennt das nicht, man kommt motiviert von einem Seminar nach Hause und hat seine Ziele klar vor Augen, doch zu Hause angekommen verschwimmen sie immer mehr und man geht in die alten Gewohnheiten zurück. Die einzige effektive Lösung, ist sich jeden Tag aufs neue selbst zu motivieren. Hören Sie sich jeden Morgen motivierende Affirmationen an, oder kreieren Sie ihre eigenen.

Schauen Sie nochmals auf Ihre Dreamboard und geben Sie positive Impulse in ihre zukünftig sensationelle, Erfolg versprechende Zukunft. Setzen Sie alle Ihre Energie in eine positive Richtung. Ohne Motivation, werden Sie nicht ins Tun kommen, um endlich all Ihr Wissen in die Praxis umzusetzen.

Machen Sie die 30 Tage Herausforderung, indem Sie Dinge tun, die Ihren Horizont erweitern. Sie werden eine ganz andere Motivation in Bezug auf ihr Leben kreieren. Lassen Sie sich von energiegeladenen und enthusiastischen Personen inspirieren.

Tun Sie mehr als jeder andere in Ihrem Umfeld bereit ist zu tun. Bedenken Sie, sie wollen mehr in Ihrem Leben erreichen, deswegen tun Sie Dinge, die andere vielleicht nicht machen. Sie haben große Ziele! Sie werden sie nur erreichen, wenn Sie es schaffen sich zu motivieren und die Dinge tun, die Sie zu Ihren Zielen führen.

7

Praxisübungen

Überwinden Sie jeden Tag Ihre Ängste!

Wussten Sie, dass der größte Feind unsere Angst ist! Ich rede nicht von der begründeten Angst, die uns vor gefährlichen Situationen schützt. Die übrigens instinktiv einen Lebensmechanismus aufbaut. Ich rede von der grundlosen, panischen Angst, die uns eingepflanzt wird von den Medien, Bezugspersonen, mit denen wir aufwachsen, aktuelle Nachrichten, die wir jeden Tag sehen und hören. Erinnern Sie sich, das Unterbewusstsein speichert das ab, was es immer wieder zu hören bekommt. Vielleicht ruft mal wieder die etwas panische Freundin an, die ihnen nur Angst schnürt, oder ihre Mutter, die sich um sie ständig Sorgen macht. Diese Personen meinen es nicht böse, jedoch lässt sie es nicht wachsen, sowie sie es vielleicht wollen.

Manchmal ist es sinnvoll, einen Moment innezuhalten und sich zu fragen, was Angst bringt. Die unbegründete Angst sorgt dafür, dass wir Dinge nicht klar sehen können und nicht intuitiv handeln. Wir lassen uns von der Angst leiten und bremsen. Wir handeln dadurch unüberlegt und nicht instinktiv. Angst blockiert ihre Talente und Potenziale, also schmeißen Sie ihre Angst über Bord und ich fordere Sie hiermit auf, jeden Tag etwas zu tun, wovor Sie schon immer Angst hatten. Tun Sie es, und schreiben Sie auf, welche Angst Sie überwunden haben und blicken Sie stolz darauf zurück, was Sie schon für Fortschritte gemacht haben.

Notieren Sie zunächst 5 Dinge, die Sie an sich mögen

Das wird sich zuerst für Sie etwas ungewohnt anfühlen, vielleicht beurteilen Sie sich negativ und haben Schwierigkeiten gute Eigenschaften aufzuzählen. Bedenken Sie das niemand nur gut oder schlecht ist, jeder hat Positive und Negative Eigenschaften, die Frage ist immer an welchen Eigenschaften wollen wir mehr arbeiten und welche verstärken? Wo geht ihr Fokus hin auf das gute oder das schlechte? Der Fokus bestimmt ihren Blickwinkel. Diese Übung erfordert etwas Überwindung, doch fangen Sie an ihre positiven Eigenschaften aufzulisten, es wird ihnen helfen sich darüber bewusst zu werden, was Ihre Stärken sind.

Zusammenfassung

Werden Sie sich bewusst darüber, dass sie ein wertvoller Mensch sind und leben Sie ihre Potenziale aus. Machen Sie Dinge, wovor Sie Angst haben. Bei Überwindung ihrer Angst wird es ihr Selbstwertgefühl stärken und Sie werden an ihren Aufgaben wachsen. Sie werden Ihre Ängste überwinden, indem Sie über sich hinauswachsen. Als ich jung war, hat man mir immer wieder gesagt, ich soll mich anpassen, vernünftig und bescheiden sein. Wenn ich selbstbewusster wurde, sagte man mir, ich sollte nicht zu arrogant sein. Diese Glaubenssätze sind falsch und bringen einen im Leben nicht weiter. Sie verursachen nur, dass man verunsichert ist, wie man sein soll oder wie die Gesellschaft in der man sich befindet gerade sein zuhat. Doch das ist Quatsch! Wichtig ist es vorerst sich selbst anzunehmen und sich selbst zu lieben. Den, jeder ist ein Individuum und hat wertvolle Ressourcen in sich, die er der Welt zeigen sollte.

Schreiben Sie 6 Fähigkeiten auf, die Sie besitzen

Schreiben Sie alle Fähigkeiten auf, die Sie besitzen und diejenigen, die Sie zu Erfolg geführt haben. Nehmen Sie sich Zeit, und schreiben Sie alles auf, was ihnen einfällt. Seien Sie bitte nicht bescheiden! Schreiben Sie zunächst sechs Dinge auf, bestimmt fallen ihnen noch viel mehr ein. Vervollständigen Sie die Liste und konzentrieren Sie sich nur auf die positiven Aspekte. Diese Übung wird dazu führen, dass sie herausgefordert werden, ihre positiven Eigenschaften hervorzuheben. Durch das aufschreiben, werden sie sich darüber bewusst, was Sie alles können. Ihnen wird auffallen, was für ein Potenzial in ihnen vorhanden ist, und sie werden sehen, was für Talente in ihnen schlummern, die nur warten, an die Öffentlichkeit zu gelangen.

Ziel der Übung

Durch diese Übung werden Sie erkennen, wie wundervoll und talentiert Sie sind. Sie werden realisieren, wie viele Kenntnisse und Talente Sie während der Jahre aufgebaut haben, Ihr Selbstvertrauen wird sich festigen und Ihr Selbstwertgefühl steigern.

Zählen Sie 10 Ihrer bisherigen Erfolge auf

Erinnern Sie sich, als sie das erste Mal realisiert haben, als Sie ihr Geschäft eröffnet haben und wie stolz sie auf sich in dem Moment waren? Halten Sie sich vor Augen, was Sie schon geschaffen haben und verfestigen Sie dieses Bild. Falls es Ihnen schwerfällt, und das negative Bild überwiegt, seien Sie geduldig mit sich selbst. Ihr Erfolg kam auch nicht über Nacht. Wir entwickeln uns ständig weiter im Leben, und so sollte es auch sein. Es ist statistisch bewiesen, dass unsere Zellen sich alle sieben Jahre erneuern. Wir sind im ständigen Wandel und sollten uns immer neuen Herausforderungen im Leben stellen. Um das eigene Selbstwertgefühl zu stärken oder aufzubauen, ist es bedeutungsvoll, sich darüber bewusst zu werden, was man bis jetzt geleistet hat, und es ist wichtig, diesen Weg weiterzuverfolgen oder sogar zu steigern.

Ziel der Übung

Hier geht es darum, ihre positiven Affirmationen zu manifestieren. Konzentrieren Sie sich auf ihre Erfolge und sie werden noch mehr Erfolg in ihrem Leben anziehen. Lenken Sie ihren Blickwinkel auf das Positive. Durch Aufschreiben ihrer Erfolge festigen sie ihren Glauben an sich selbst und erlangen Mut, weitere Hürden problemlos zu meistern. Es hilft ihnen auch an sich selbst zu glauben.

Zählen Sie 20 Dinge auf, die Sie an Ihrem Äußeren lieben

Ich möchte, dass Sie folgendes tun: Stellen Sie sich zunächst vor Ihren Spiegel, und sagen Sie zu sich selbst, dass Sie sich über alles lieben. Wiederholen Sie es zehnmal, und werden Sie dabei immer enthusiastischer und lauter. Ihr Nachbar, wird es Ihnen nicht übel nehmen. Schreien Sie es in die Welt hinaus. Jetzt nehmen Sie ein Blatt Papier und listen Sie zwanzig Dinge auf, die sie an Ihrem Aussehen mögen.

Ziel der Übung

Diese Übung mag sich am Anfang seltsam anfühlen, jedoch lässt es sie darüber bewusst werden, was für ein wertvoller und attraktiver Mensch Sie sind. Die Ausstrahlung verändert sich zum positiven und Sie ziehen positive Dinge an, weil Sie sich in Ihrer Haut wohlfühlen.

Machen Sie 5 Dinge, die Ihr Potenzial sichtbar werden lässt!

Werden Sie für andere sichtbar! Schreiben Sie fünf Ihrer noch bisher verborgenen Potenziale auf und leben Sie diese, ab sofort. Die Welt nimmt Sie so wahr, wie Sie sich selbst sehen. Den Anfang müssen Sie selbst machen. Was wollten Sie der Welt schon immer zeigen und ist bisher verborgen geblieben? Trauen Sie sich. Vielleicht werden Sie im ersten Moment denken, dass sie nicht gut genug sind und dass, was sie haben, vielleicht niemand benötigt. Falsch, schmeißen Sie ihre negativen Gedanken über Bord und bauen Sie einen unerschütterlichen Glauben in Bezug auf sich selbst und ihre Talente auf. Sagen Sie sich selbst jeden Tag aufs Neue:

»Das, was andere geschafft haben, schaffe ich auch.«

Zusammenfassung

Sie werden nicht sofort eine Veränderung bemerken, und das ist auch gut so. Da die Veränderung Schritt für Schritt passiert. Sie müssen täglich an sich arbeiten, um zu ihren neuen selbst zu kommen. Wenn man sich schon immer minderwertig gefühlt hat, muss man Geduld haben, bis die Entwicklung in eine positive Richtung geht. Doch wenn Sie diese Übungen machen und die Ratschläge befolgen, ist es ein Anfang, den Sie in eine positive Richtung zu sich selbst gemacht haben. Wichtig ist es, sich über seine Talente und Potenziale bewusst zu werden und nicht auf die vergangenen Defizite zu schauen. Fokussieren Sie sich auf das gute, und es wird zu ihnen kommen.

»Sie sind der Kapitän ihres Lebens, übernehmen Sie, das Ruder und fahren
Sie in Ihre wundervolle neue Zukunft.«

-Für Dich von Hannah Morgen-